國家社科基金重大項目（10&ZD104）
上海市教育委員會〇八五工程項目
上海市教育委員會重點科研項目

上海師範大學古籍整理研究所編

主　編　朱易安　傅璇琮　周常林　戴建國

執行主編　戴建國

全宋筆記

第五編 十

大象出版社

目録

〔宋〕陳善 撰

捫蝨新話

查清華 整理

點校説明

《捫蝨新話》十五卷，陳善撰。陳善，字敬甫，又字子兼，號秋塘，又號潮溪，宋福州羅源人。高宗紹興間爲太學生，時秦檜當國，善慷慨論辯，力詆和議。孝宗乾道五年（一一六九）爲左迪功郎。有《雪篷夜話》、《捫蝨新話》。

據陳善門人陳益序，該書原名《窗間紀聞》，後更名《捫蝨新話》。此書多考論經史、評論詩文，亦兼及雜事，有一定史料價值。如「文章以氣韻爲主」、「文章有奪胎换骨法」等，在中國文學批評史上具有重要意義。

關於此書的版本情況，涵芬樓藏版夏敬觀跋云：「陳振孫《書録解題》載《窗間紀聞》一卷，陳子兼撰，疑即錢曾《讀書敏求記》所載不分卷本所自出。《宋史·藝文志》作八卷，今《儒學警悟》本列三十二卷至三十九卷，凡八卷，與《宋志》合。明毛氏汲古閣刊十五卷分類本，與《敏求記》所稱影宋標題《朝溪先生捫蝨新話》者同出一源，殆爲元人所分類析卷歟？……明萬曆張可大、沈元熙刊本分四卷，其次第悉如毛刻，則又從分類本改併者也。」今傳有《唐宋叢書》本（不分卷）、《津逮秘書》本（十五卷）、《儒學警悟》本八卷、《叢書集成初編》本（據《儒學警悟》本排印）、涵芬樓藏本。此次整理以涵芬樓藏本爲底本，略去夏敬觀校記，參校汲古閣《津逮秘書》本（簡稱「汲古閣本」）以及《叢書集成初編》本（簡稱「叢書本」）等。本書整理，曹苑協助校勘文字，在此表示感謝。

陳序

益少之時，初入鄉校，聞遊學子道先生之文行，願一識而未之得。既冠，始獲從先生遊，聞有所著《窗間紀聞》一百則，貫穿經史百氏之説，開抉古人議論之所未到，求而讀之，中心躍然，如入武庫，且喜且愕。於是力從先生求廣其所未聞。又數年，先生復出百則以示益曰：「吾之精力略盡於此，然世俗方以詞章華贍相夸，吾書之出，恐未免有覆瓿之誚，亦姑俟子雲於後世耳。顧念非子莫可與言者。」益因從而析之，合二百則。間以示人，其傳猶未廣也。雖然，清廟之瑟，朱絃而疏越，一倡而三歎，大羹不和，玄酒之尚，典則存焉。先生此書，庸詎無知音知味者而終於黯黮而已乎？其後十年，先生由大學登甲科，求官於時宰，嘗示以二百則爲所業投獻。□國陳公以爲著書立言宜爲學官，遂俾録成均之教政，時則乾道之己丑也。惜乎負抱儒業，晚得一命之爵，曾不得食寸禄而死，識者悲之。先生詩文甚多，散失無幾，未暇掇拾。然筆力高妙，其得意處，奮髯抵息，自謂前輩不減。今鬻書肆中有論十篇，乃先生爲諸生時所爲贄見祭酒周公敦義者，或託以王龜齡侍郎之名，非也。若其場屋所試，不肯蹈襲時文，畦逕獨出，硬語横空排奡，故往往不爲有司所喜。間遇明眼，則置高等，士之在太學者能言之。益承學晚，謬於從游中爲日最久，常慮其書泯没，故爲序其傳授之大略。先生名善，字子兼，福州羅源人。其曰《窗間紀聞》者，先生嘗易以今名《捫蝨新話》云。淳熙元年孟夏朔日，門人錢塘陳益序。

張序

昔王仲淹講道河汾，受業者蓋千餘人。唐相房玄齡、杜如晦輩，皆其門人也。喬等既貴，絶口不道其師，他何望焉。户掾陳仲友嘗從子兼學，得所謂《捫蝨新話》者，乃能手抄以示人，弗少靳。且方匄有力者鋟木以廣其傳，賢於房、杜遠矣。僕與子兼實爲同年生，幸其門弟子之賢，有不亡者存於是乎！喜而書。戊戌仲秋，槜李張諫正卿題於新安文字掾之公廨。

捫蝨新話目録

卷八　六四

卷九　七一

補遺目録

卷一

經類

道在六經不在浮屠

吾書中頗有贅訛處，便是禪家公案，但今人未嘗窺究耳。孔子曰：「二三子以我爲隱乎？吾無隱乎爾。吾無行而不與二三子者，是丘也。」不知所隱者何事。顏回在陋巷，「一簞食，一瓢飲，人不堪其憂，回也不改其樂。」不知所樂者何道。孟子曰：「睟然見於面，盎於背，施於四體。四體不言而喻。」不知所喻者何物。此豈區區口耳所能證也哉！《易》曰：「精氣爲物，遊魂爲變，故知鬼神之情狀。」「原始反終【一】，故知死生之説。」而孔子曰：「朝聞道，夕死可矣。」故子路問死，又問事鬼神，古之達者，類有以知此。至其得力處，曾子病革而易簀，子路臨死而結纓。蓋於死生之際，其嚴如此，顧但設教自有先後耳。豈如今之俗學，乃全不考究，以六經爲治世語言，至欲求道，則以爲盡在浮屠氏。嗚呼！此宜今世脱空謾語者之所以得肆其欺誑而不顧也耶！

歐陽公信經廢傳

校勘記

【一】原始反終　「反」原作「要」，據《周易》改。

余愛歐陽公學術議論，然常恨其信經太過，反泥而不通。公之論，以《洪範》、《周易》無《河圖》、《洛書》之事，《繫辭》上下非聖人作；其於《春秋》，謂隱公非攝位，而趙盾、許止，其真弑君者也。若然，則河陽之狩爲真狩矣。《泰誓》序「惟十有一年，武王伐商」，公獨以爲武王即位之十一年。武王八十三即位，九十三而終，安得十一年始伐紂，而經復云十三年乎？大抵後世去古既遠，言古事則當以古爲正。古人之傳，雖時有疎脱，然或當時師傳之説猶存，或亦有簡牘之記，可以爲據，未易盡廢也。如書六家四載祭【二】，與秦八神、漢太一之類，此豈可以私意附會穿鑿而爲之哉？《論語》曰：「魯、衛之政，兄弟也。」司馬遷以爲此孔子爲出公、哀公發也。齊桓公法而不譎，鄒陽以爲此孔子爲哀姜發也。二人者，去古未遠，多見先秦古書，而爲是説，則必有所本。而今人遂以意度之，夫豈勝異説哉？歐陽公必以傳爲不足信，過矣。又如《詩》之《頌》作於成王時，公以《昊天有成命》言「成王不敢康」者，當是康王時詩也；《執競》言「不顯成康」者，當是昭王時詩也。此皆執文害意，信經廢傳之過。

【二】家　涵芬樓本校記「繆校正作宗」。

王荆公説新經穿鑿

李季長嘗語余，昔問羅疇老：《洪範》「金曰從革」，《新義》云：「能從能革。」而荆公《洪範傳》又云：「金性能從，惟革者之所化。」二義不同，未知孰是。疇老云：「譬如釋迦十大弟子，各説第一義，二説皆通，無可揀者。」予謂王氏之學，率以一字一句較其同異，而父子之論自不能一如此。迨其末流之弊，學者不勝異説，末論成湯、帝堯，且論昔在、在昔，諸所穿鑿，類皆如此，予竊不取。

王荆公新法新經

王荆公行新法，同時諸公皆不以爲然。二蘇頗有論列。荆公於《三經新義》，託意規諷，至《大誥》篇，則幾乎罵矣。《召公論》，真有爲而作也。後東坡作《書》、《論語》諸解，又矯枉過直而奪之。至子由晚年【三】，似知役法不可盡廢，故謂司馬公爲不曉吏事，然亦自一出一入。其作《東坡墓誌》，載東坡論役法一事，似是後來飾説。荆公嘗曰：「吾行新法，終始以爲不可者，司馬光也；終始以爲可者，曾布也；其餘皆出入之徒也。」然免役法至今行之，民以爲便，何終不可之有【四】？」予觀荆公，要是一世異人。荆公晚年删定《字説》，出入百家，語簡而意深，嘗自以爲平生精力盡於此書。然至今晚生小子亦隨例譏評，至厭讀其書，蓋非獨不喜新法也。山谷嘗有《和贈張文潛詩》曰：「荆公六藝學，妙處端不朽。諸生用其短，頗復鑿户牖。譬如學捧心，初不悟己醜。玉石恐俱焚，公爲分別否。」元祐諸公，惟此一人議論稍自近厚，可想見其遺風。

王荆公新經字説多用佛語

荆公《字説》多用佛家語。初作「空」字云：「工能穴土，則實者空矣，故空從穴從工。」後用佛語改云：「無土以爲穴，則空無相；無工以穴之，則空無作。無相無作，則

【三】至子由晚年　「至」原作「牛」，據汲古閣本改。

【四】何終不可之有　據涵芬樓本校記，儒學本「終」下有「始」字。

空名不立。」此語比舊時爲勝。《維摩詰經》曰：「空即無相，無相即無作，無相無作即心意識。」《法華經》曰：「但念空無作。」《楞嚴經》云：「但除器方，空體無方。」荆公蓋用此意。又如云：「追，所追者止能追者，辵而從之」、「搔，手能搔所搔」、「牂柯，以能入爲柯，所入爲牂」之類，此「能」、「所」二語，亦出佛經中。《圓覺經》曰：「其所證者，無得無失，無取無捨。其能證者，無作無止，無生無滅。於此證中，無能無所。」佛經謂能所者，彼此義也，吾書中本無此語。予嘗與坐客論此，因舉古尊宿陳睦州嘗問一座主，解二十四家書是否。主云：「不敢。」睦州乃於空中點云：「還識這箇麽？」其人罔措。睦州笑云：「永字八法也不知。」予語已，遂於空中點一點，問客云：「且如荆公一部《字説》，多用佛經語，還曾得這箇否？」客又罔措。

楊龜山三經義

楊中立著《三經義辨》，以譏正王氏，當矣，然不作可也。

孔子誅少正卯春秋不書於經

少正卯之誅，不見於《春秋》，或者以爲非卿故不書，非也。孔子之作《春秋》，正以道不行，故用空言以寄褒貶耳。若少正卯之誅，則其志可以少伸，賞罰之權可以復振，空言何用哉？使二百四十年事事如此，《春秋》雖不作可也，而何少正卯之足書云？

東坡尚書傳

予居永嘉，嘗與陳元智共論蘇東坡《書傳》。至《顧命》，成王崩，方殯，康王釋服離次，出車路門之外，受干戈虎賁之迎，以爲失禮，嘆訝久之。予曰：「唐呂諲，乾元二年同平章事，以母喪解三月，復召知門下省。上元初，加同中書門下三品，當賜門戟。或勸諲以凶服受吉賜不宜，諲釋衰拜賜，人譏其失禮。此殆與周成王無異也。」元智曰：「不然。康王雖幼，成王子也，周公雖死，猶有召公，不容失禮如此。」以坡語爲非是。予固不然其語，然未有以難之，自爾遂歸。其後因讀《春秋》及魯郊禘事，且見先儒謂周公有人臣所不能爲之功，故成王賜以人臣所不得用之禮樂。而孔子蓋曰：「魯之郊禘非禮也，周公其衰矣！」因思成王在時已有此失，況康王乎？當賜周公天子禮樂時，召公豈不在？中夕臥念及此，不覺捫髀曰：「恨元智不在，當折其角矣。」聊記於此，異日面會，當理前話作第一問，以發一笑。

沈存中筆談説虞書

沈存中《筆談》説《虞書》「戛擊鳴球，搏拊琴瑟以詠」，謂「鳴球非可以戛擊也，和之至，詠之不足，有時而至於戛且擊。琴瑟亦非可以搏拊也，和之至，詠之不足，有時而至於搏且拊，所謂手舞足蹈之而不知其然者」。若然，則鳴球、琴瑟，當不成聲，何名爲樂乎？觀《詩新義》云：「『方叔率止，鉦人伐鼓』，鉦所以退而止，鼓所以動而進。方其動而進也，鉦人亦奮而伐鼓，則士勇於進可見矣。夫鉦鼓各自有人，今使鉦人奮而伐鼓，不幾於亂行乎？」此兩説自是一類。予嘗以其語戲作聯句云：「士勇而前，致鼓鉦之亂擊；樂和之至，令球瑟以無聲。」此亦可以一撫掌。

舒州教官言易

予先兄慶長嘗語予：往守官舒州懷寧日，嘗與教官同候太守。坐間，守問教官曰：「如何是『一陰一陽之謂道』？」教官答云：「道者，在陰而陰得其一，在陽而陽得其一，故曰『一陰一陽之謂道』。」又曰：「如何是『陰陽不測之謂神』？」答曰：「神者，在陰而陰不測，在陽而陽不測。故曰『陰陽不測之謂神』。」守甚喜其語。慶長對予再三誦之。予惜不記其人名字，慶長亦自能《易》。予從問：「大衍之數，虚一不用，當其不用，一歸何處？」慶長舉起算子一把，良久笑云：「甚處去耶？此亦有理！」

林元齡説易

林元齡謂予言：龍門山人以《易》卜，而善言《易》，蓋嘗與論及《易》卦只有六爻，而乾、坤有用九用六，似有七爻，何也？山人曰：「易，數也，數奇則無窮。三百八十四爻外則用九用六，此所以爲奇也。周天三百六十五度四分度之一者，亦奇數也。揚雄作《太玄》，遂有踦、嬴二贊，蓋亦用九用六之謂也。不然，則《易》之數窮矣。」元齡甚喜其説，大抵《易》之爲書，無所不有，或以曆象，或以卜筮，蓋不但性命之説也。大衍之數五十，其用四十有九，而乾用九，坤用六，則非聖人不能也。故曰：「仁者見之謂之仁，智者見之謂之智。」

朱先生易圖

朱先生《易圖》有《伏羲八卦圖》、《文王八卦圖》。《伏羲圖》，乾與坤對，艮與兑對，震與巽對，離與坎對；《文王圖》則乾位西北，坤位西南，巽東南而艮東北，坎、離、震、兑各居四方。其説本《易・説卦》「天地定位，山澤通氣，雷風相薄，水火不相射」，曰：「此説伏羲《易》也。『帝出乎震、齊乎巽、相見乎離、致役乎坤、説言乎兑、戰乎乾、勞乎坎、成言乎艮』。」又曰：「震，東方也；巽，東南也；離者，明也。萬物皆相見，南方之卦也。坤也者，地也；兑，正秋也；乾，西北之卦也。坎者，水也，正北方之卦也。艮，東北之卦也。」曰此説《周易》也。予以爲不然。夫八卦自有定位，非聖人所與，豈有伏羲、文王之異？如以《説卦》「天地定位」爲乾與坤對，「山澤通氣」爲艮與兑對，「雷風相薄」爲震與巽對，「水火不相射」爲離與坎對，遂别之爲伏羲卦圖，則《雜卦》所謂「乾剛坤柔，比樂師憂，臨觀之義，或與或求」，亦是卦卦相對，當又爲孔子卦圖乎？予故不取其説。

禮記蒲盧

鄭氏《禮記》以蒲盧爲蜾蠃，謂土蜂也。沈存中曰：「不然。蒲盧即蒲葦耳。故曰：『人道敏政，地道敏樹。』」而繼之曰：「『夫政也者，蒲盧也。』蓋蒲葦之爲物，不擇地而生。藝蒲葦者，遂之而已。人之爲政，亦在遂之，所謂行其所無事也。」此説似好，然《爾雅》云：「蜾蠃，蒲盧。」郭璞云：「即細腰蜂也，俗呼蠮螉。」今以蒲盧爲蒲葦，恐無是理，當以《爾雅》、鄭氏爲正。然予觀《遯齋閒覽》，又以蜾蠃、蠮螉、蒲盧爲三種。銜泥營窠於室壁間者，名蜾蠃；穴地爲窠者，爲蠮螉；窠於書卷或筆管中者，名蒲盧。不知《遯齋》何所據而言此。《酉陽雜俎》又曰：「予書齋前多蠮螉，蓋好窠於書卷筆管中，祝聲可聽。」此即與《遯齋》所謂蒲盧無異。又別一種云顛當，窠深如蚓穴，網絲其中，土蓋與地平，則又似所謂蠮螉者。要之名狀雖不同，然今流俗但總呼爲蠮螉云。

蒲盧蒲葦

沈存中說蒲盧爲蒲葦，予嘗辯其非是。後讀陸氏《埤雅》云：「細腰曰蒲，蓋匏類也。故細腰土蜂，亦謂之蒲盧。」且引《中庸》政猶蒲盧之語，謂蒲根著在土，而浮蔓常緣於木，故亦謂之果蠃。又引《本草》云：「匏類小者名瓢。瓢取諸瓢，蒲取諸蒲。蒲善浮，詩所謂『不流束蒲』者也。」其說以匏瓢、壺盧、蒲盧爲一類，故在《釋草》部中。又《爾雅義》云：「果蠃，蒲盧，細腰。壺之有盧者也。《楚辭》曰：『玄蜂若壺』，取是焉。」予以此方悟《爾雅》、《中庸》之說。而鄭氏所注，蓋知其一而不知其二也。存中擬於「地道敏植」之語，遂以爲蒲葦，其實未知果蠃蒲盧之義。

中庸非全書

予舊曾爲《中庸說》，謂《中庸》者，吾儒證道之書也。然至今疑自《春秋》「修其祖廟，陳其宗器」以下一段，恐只是漢儒雜記，或因上文論武王、周公達孝，遂附於此。當時雖爲之解，然非成説也。又云：「郊社之禮，所以祀上帝也；宗廟之禮，所以祀乎其先也。明乎郊社之禮、禘嘗之義，治國其如示諸掌乎？」此尤不可曉。按《論語》：「或問禘之説，子曰：『不知也。知其説者之於天下也，其如示諸斯乎？』指其掌。」此孔子以當時之禘，有不如禮，不欲斥言之，因以掌而示門人曰：「其甚易知如此耳。」弟子因而記當時孔子所謂「示諸斯」者，是指其掌也。今《中庸》乃言治國其如示諸掌，無乃非其義乎？《仲尼燕居》又曰：「明乎郊社之禮，禘嘗之義，治國其如指其掌而已乎？」予以此知二者皆漢儒誤讀《論語》之文，因而立説，非孔子意也。《中庸》本四十九篇，今一篇獨存，然以此觀之，恐亦非全書。

毛詩三百篇皆被絃歌

《詩》三百篇，孔子皆被之絃歌。古人賦詩見志，蓋不獨誦其章句，必有聲韻之文，但今不傳耳。琴中有《鵲巢操》、《騶虞操》、《伐檀》、《白駒》等操，皆今詩文，則知當時作詩皆以歌也。又，琴古人有謂之「雅琴」、「頌琴」者，蓋古之爲琴，皆以歌乎詩，古之雅、頌，即今之琴操耳。雅、頌之聲，固自不同。鄭康成乃曰《豳風》兼雅、頌。夫歌風安得與雅、頌兼乎？舜《南風歌》、楚《白雪辭》，本合歌舞；漢高帝《大風歌》、項羽《垓下歌》亦入琴曲。今琴家遂有《大風起》、《力拔山》之操，蓋以始語名之耳。然則古人作歌，固可彈之於琴，今世不復知此。予讀《文中子》，見其與楊素、蘇瓊、李德林語，歸而援琴鼓《蕩之什》，乃知其聲至隋末猶存。

逸詩不教讀不見取於孔子

逸詩見於《論語》，如：「素以爲絢兮。」「唐棣之華，偏其反而。豈不爾思，室是遠而。」此皆聖人以其言不合理而去之者，即此可見當時刪詩之意。子夏問曰：「『巧笑倩兮，美目盼兮，素以爲絢兮。』何謂也？」子曰：「繪事後素。」蓋詩人以素比質，以絢比禮。夫君子不可斯須去禮，而曰「繪事後素」，則是禮爲後乎？此其害理者，惟子夏知之，故曰：「起予者商也。」謂於聖人有所發也。今《詩》無「素以爲絢兮」一句，則是孔子因而刪之矣。《唐棣》之詩，人以比兄弟，唐棣之華萼，上承下覆，今乃偏而相反，以喻兄弟相失，室以喻其所處。作詩者言兄弟豈不相思，今乃相失如此，以所處之遠故也。夫兄弟之愛，天性也，豈以遠而不相好乎？此尤害理者，故孔子從而正之曰：「未之思也，夫何遠之有？」於是去而不取。孔子於逸詩所不取之意，見於《論語》者如此，則其他可以類見也。今書傳所載逸詩，抑又何限？惟《琴書》載衛女之詩所謂《思歸引》者，獨見全篇云：「涓涓流水，流于淇兮。有懷于衛，靡日不思。執節不移兮，行不詭隨；坎坷何辜兮，離厥茨。」予觀是詩，始言淇水，有似乎《竹竿》，次言離厥茨，有似乎《牆有茨》，則知逸詩之言有類於詩者多矣。惟其不純，故不見取於孔子耳。或者嘗疑古詩三千餘篇，今存者三百五篇而已。孔子雖删詩，安能十去九乎？以《論語》及衛女之詩考之，則孔子不取之意蓋如此。夫石鼓之文，猶不見於後世，況其他乎？

詩之亡者六篇皆笙奏

《詩》之亡者六篇，《魚麗》之後亡其三，曰：《南陔》、《白華》、《華黍》也。《南有嘉魚》、《南山有臺》之後亡其三，曰：《由庚》、《崇丘》、《由儀》也，皆曰「有其義而亡其辭」。毛氏注謂遭戰國及秦世而亡之也，故其詩辭不傳。然六篇之亡，皆是一處，不應中間有《南有嘉魚》、《南山有臺》二詩獨能存也。按《儀禮·鄉飲酒·燕禮》，「笙入於縣中，奏《南陔》、《白華》、《華黍》。」又曰：「乃間歌《魚麗》，笙《由庚》，歌《南有嘉魚》，笙《崇丘》，歌《南山有臺》，笙《由儀》。」此六詩者，皆於笙奏之。然當秦火之先，何此六笙詩獨亡？同舍商份曰：「不然。所謂亡其辭者，亡讀爲無。謂此六詩於笙奏之，雖有其聲，本無辭句，不若《魚麗》、《南有嘉魚》、《南山有臺》於歌奏之。歌，人聲也，故有辭耳。此笙與歌之異也。」《燕禮》又有「升歌《鹿鳴》、下管《新宮》」。毛氏云：「《新宮》亦詩篇名也。辭義皆亡，無以知其篇第之處。」商份曰：「此亦非也。管與笙，一類也，皆有其聲而已。故《新宮》詩亦亡。」然以予考之，《左傳》昭二十五年，宋公享昭子，賦《新宮》。謂之賦，則非無辭矣。故後漢明帝養老，亦取歌焉。明帝去孔子删詩之世未遠，必得其辭，故得以播之詠歌。蓋未有有詩而無辭者。今逸詩見於經書者，此外又有《貍首》、《驪駒》二詩。《禮記·射義》：「諸侯以《貍首》爲節。」其下文云：「《詩》曰：『曾孫侯氏，四正具舉。大夫君子，凡以庶士。小大莫處，御於君所。以燕以射，則燕則譽。』」鄭氏以爲此《貍首》之詩辭也。前漢江公謂鼓吹笙曰歌《驪駒》。王式曰：「聞之於師，客歌《驪駒》，主人歌客毋庸歸。」文潁注云：「其詩曰：『驪駒在門，僕夫具存。驪駒在路，僕夫整駕。』」則《驪駒》詩亦非無辭也。以此知六笙詩，必皆有辭而亡之，當如舊説。然獨六笙詩亡，份之言則必有謂。姑著其語，以俟參考。

鄭康成以周禮學箋毛詩

詩人之語，要是妙思逸興所寓，固非繩墨度數所能束縛，蓋自古如此。予觀鄭康成注《毛詩》，乃一一要合《周禮》。《定之方中》云「騋牝三千」，則云：「國馬之制。天子十有二閑，馬六種，三千四百五十六匹；邦國六閑，馬四種，千二百九十六匹。衛之先君，兼邶、鄘而有之，而馬數過制。」《采芑》云「其車三千」，則云：「司馬法：兵車一乘，甲士三人，步卒七十二人。宣王乘亂，羨卒盡起。」《甫田》云「歲取十千」，則以爲：「井田之法，則一成之數。」《棫樸》云「六師及之」，則以爲殷末之制，未有周禮。周禮五師爲軍，軍萬二千五百人。如此之類，皆是束縛太過，不知詩人本一時之言，不可以一一牽合也。康成蓋長於禮樂，以禮而言詩，過矣。近世沈存中論詩，亦有此癖。遂揭老杜「霜皮溜雨四十圍，黛色參天二千尺」，爲太細長。而説者辨之曰：「只如杜詩有云：『大城鐵不如，小城萬丈餘。』世間豈有萬丈城哉？亦言其勢如此耳。」予謂《周詩》之「崧高維嶽，峻極于天」。嶽峻豈能及天？所謂不以辭害意者也。文與可嘗有詩與東坡曰：「擬將一段鵝溪絹，掃取寒稍萬丈長。」坡戲謂與可曰：「竹長萬丈，當用絹二百五十匹。知公倦於筆研，願得此絹而已。」與可無答，則曰：「吾言妄矣，世豈有萬丈竹哉？」坡從而實之，遂答其詩曰：「世間亦有千尋竹，月落空庭影許長。」與可因以所畫篔簹偃谷竹遺坡曰：「此竹數尺耳，而有萬丈之勢。」觀二公談笑之語如此，可見詩人之意。若使存中見之，無乃又道「太細長」耶？

論語自有章句而説者亂之

《論語》自有章句，而説者亂之。《論語》中固有因古語而爲説者，如「祭如在，祭神如神在」。此兩句正是古語。其下曰：「子曰『吾不與祭，如不祭』」云者，乃孔子因此語有所感發，故爲是説也。以類求之，「唐棣之華，偏其反而。豈不爾思？室是遠而」，子曰：「未之思也，夫何遠之有？」「不恆其德，或承之羞」，子曰：「不占而已矣。」「色斯舉矣，翔而後集。曰山梁雌雉，時哉時哉！」「微子去之，箕子爲之奴，比干諫而死」，孔子曰：「殷有三仁焉。」凡此類皆因上句而立説，則上句乃亦古語耳。弟子因而併記之，章次如此，説者以其始語無「孔子曰」字，遂或以上句附前段而爲説，至以唐棣比可與權，誤矣。又如：「德行：顏淵，閔子騫，冉伯牛，仲弓。言語：宰我，子貢。政事：冉有，季路。文學：子游，子夏。」其下繼以：「子曰：『回也，非助我者也，於吾言無所不説。』子曰：『孝哉，閔子騫！人不間於其父母昆弟之言。』」此宜是一章。德行、言語、政事、文學，説者以爲四科，蓋是孔門中當時有此科目。弟子記之，遂因而記孔子所言顔、閔於其後，以見顔、閔所以列於德行，爲四科之首者如此。此二「子曰」，連四科而爲説亦可，蓋文理或然爾。以類求之，如「柴也愚，參也魯，師也辟，由也喭」。此四句亦必當時有此品論。其下云：「子曰：『回也其庶乎，屢空。賜不受命，而貨殖焉，億則屢中』」者，亦與記顔、閔同也，此當是一章。又如「逸民：伯夷、叔齊、虞仲、夷逸、朱張、柳下惠、少連」，繼以「子曰：『不降其志，不辱其身，伯夷、叔齊與！』」至「我則異於是，無可無不可」，此又是一章。文勢與前二章正是一類。説者又以始語無「子曰」字，多以四科連上文「從我於陳、蔡者皆不及門也」爲一章，若然，則「柴也愚，參也魯」當附「冉求聚斂」之下，而「逸民」者，又當與子路對荷蓧丈人處併而爲一也。可乎？《論語》章句如此，而説者亂之，遂失其義，兹不可以不正。

論語有譬喻之言

《論語》有譬喻之言，而後世以爲誠然者。子曰：「賜不受命而貨殖焉。」貨殖，蓋譬喻也。意謂子貢學道不能虚中，如人之貨殖無所不有也。故以對顔淵屢空而言。而《史記·子貢傳》遂云：「子貢好廢舉，與時轉貨貲。」且復傳之《貨殖》，乃云：「七十子之徒，賜最爲饒益。原憲不厭糟糠，匿於窮巷，子貢結駟連騎，束帛之幣，以聘享諸侯。」此其語本出《莊子》。《莊子》曰：「原憲居魯環堵之室，茨以生草，蓬户不完，桑以爲樞。而甕牖二室，褐以爲塞，上漏下溼，匡坐而弦。子貢乘大馬，中紺而表素，軒車不容巷，往見原憲。原憲華冠縰履，杖藜而應門。子貢曰：『嘻，先生何病？』原憲應之曰：『憲聞之，無財謂之貧，學而不能行謂之病。今憲貧也，非病也。』子貢逡巡而有愧色。」《莊子》蓋寓言也，而太史公不之察，又於《原憲傳》著其語，皆由讀《論語》貨殖一言之誤耳。又《論語》所謂「焉用彼相」者，此「相」字亦譬喻。記曰：「如瞽者之無相，倀倀乎其何之？」師冕見，子張曰：「與師言之道與？」子曰：「然，固相師之道也。」所謂相者如此。故曰：「危而不持，顛而不扶，則將焉用彼相矣。」而今之學者，皆指爲輔相之相，則亦誤矣。

道人説論語

林邦翰爲予言：「嘗見一道人説《論語》『子釣而不綱，弋不射宿』，頗有理。」予願聞之，邦翰曰：「道人云此兩句，是聖人心存教化。聖人本無心於取物，其『釣而不綱』者，示其貪則取之也。『弋不射宿』者，示其動則取之也。其意在於戒世之貪得與妄動者耳。不然，聖人豈徒爲是弋與釣也哉？時一坐莫不稱嘆。」予曰：「此説本是道人家一邊所見而已，聖人之言，要非一端可盡。」

孟子難讀

《孟子》之書，有一言而可萬世行之者，有言之今日，而明日不可用者。《孟子》之書，要自難讀，孟子不見諸侯而見梁惠王，學者至今疑之。雖然，孟子豈無操持者哉？此固《孟子》開卷第一義也。《孟子》之書，類多如此。近日學者，遂立一説以非孟子，所謂「蚍蜉撼大樹，可笑不自量」者耶？

孟子莊暴一章

《孟子》：「莊暴見孟子曰：『暴見於王，王語暴以好樂。』」此一章，皆言悦樂之樂，而世讀爲禮樂之樂，誤矣。如「孟子見梁惠王，王立於沼上，顧鴻雁麋鹿，曰：『賢者亦樂此乎？』」「齊宣王見孟子於雪宫，王曰：『賢者亦有此樂乎？』」則所言皆主於行樂而已，豈暇論禮樂哉？及孟子問王，王曰：「寡人非能好先王之樂也，直好世俗之樂耳。」則其心不能無愧于孟子也。而孟子謂「王苟能與民同樂，則雖好樂無害也」。蓋孟子與王言，所以因其勢而利導之，每每如此。王曰：「寡人好貨。」孟子曰：「昔者公劉好貨。」王曰：「寡人好色。」孟子曰：「昔者大王好色。」王曰：「寡人好勇。」孟子曰：「文、武一怒而安天下之民，今王亦一怒而安天下之民。」王曰：「寡人好世俗之樂。」孟子又曰：「王之好樂甚，則齊其庶幾乎！」所謂其應如響，其實陽開而陰塞之也。鼓樂與田獵，所以爲樂者也。此一章惟鼓樂當爲禮樂字，其他「獨樂樂，與衆樂樂」，亦悦樂之樂也。不然，則方言禮樂，而又及田獵，無乃非其類乎？或曰：若皆以爲悦樂之樂，則所云先王之樂、世俗之樂何謂？蓋齊宣王嘗曰：「吾何脩而可比於先王觀也。」言先王觀，則樂言先王樂，有何不可？柳子厚於《非國語·無射篇》嘗引《孟子》「今樂猶古樂」之説，曰：「吾以《孟子》爲知樂。」無乃亦承襲之誤耶？

孟子文章最爲巧妙【五】

文章鋪敍事理，要須往復上下，宛轉鉤貫，令人一讀終篇不可間斷，乃爲盡善。蓋自六經、《論語》之外，惟《孟子》最爲巧妙。今録一章於此，可見其法如是。《萬章》曰：「堯以天下與舜，有諸？」孟子曰：「否，天子不能以天下與人。」「然則舜有天下也，孰與之？」曰：「天與之。」「天與之者，諄諄然命之乎？」曰：「否，天不言，以行與事示之而已矣。」曰：「以行與事示之者，如之何？」曰：「天子能薦人於天，不能使天與之天下；諸侯能薦人於天子，不能使天子與之諸侯；大夫能薦人於諸侯，不能使諸侯與之大夫。昔者堯薦舜於天，而天受之；暴之於民，而民受之。故曰：天不言，以行與事示之而已矣。」「敢問薦之於天，而天受之；暴之於民，而民受之，如何？」曰：「使之主祭，而百神享之，是天受之也；使之主事而事治，百姓安之，是民受之也。天與之，人與之，故曰：天子不能以天下與人。舜相堯二十有八載，非人之所能爲也，天也。堯崩，三年之喪畢，舜避堯之子於南河之南。天下諸侯朝覲者，不之堯之子而之舜；訟獄者，不之堯之子而之舜；謳歌者，不謳歌堯之子而謳歌舜，故曰，天也。夫然後之中國踐天子位焉。

【五】孟子文章最爲巧妙　「章」原作「字」，據本書《目録》及文意改。

而居堯之宫，逼堯之子，是篡也，非天與也。《泰誓》曰：『天視自我民視，天聽自我民聽。』此之謂也。」吾謂此一章，似長江巨浸，瀰漫無際，而渾浩回轉，不可名狀。又如萬章曰：「百里奚自鬻於秦養牲者，五羊之皮，食牛，以要秦穆公。信乎？」孟子曰：「否，不然；好事者爲之也。百里奚，虞人也。晉人以垂棘之璧、屈産之乘，假道於虞以伐虢。宫之奇諫，百里奚不諫。知虞公之不可諫而去之秦，年已七十矣，曾不知以食牛干秦穆公之爲污也，可謂智乎？不可諫而不諫，可謂不智乎？知虞公之將亡而先去之，不可謂不智也。時舉於秦，知穆公之可與有行也而相之，可謂不智乎？相秦而顯其君於天下，可傳於後世，不賢而能之乎？自鬻以成其君，鄉黨自好者不爲，而謂賢者爲之乎？」吾謂此一章，似布泉懸水，下注萬仞，怒沫狂瀾，乍起乍伏，澒洞洶湧，而觀者竦然。蓋此二章文字，曲折萬變而首尾渾成，理致詳盡如此。此《孟子》之妙處，而學者不論，予故表而出之。恐亦後學者之所宜聞也耶。

卷二

史類

左氏載楚右尹子革語

予讀《左氏》右尹子革「與王言如響」，析父語之，子革曰：「摩厲以須王出，吾刃將斬矣。」王出，復語，子革乃誦《祈招》之詩。嘗戲謂子革固善諫矣，然使劉暾聞之，則子革不免爲弒君。劉暾正色詰郭彰，彰怒曰：「我能截君角也。」暾勃然，謂彰曰：「君何敢擅寵，作威福天子，法官而欲截角乎？」求紙筆奏之，衆人解釋，乃止。今子革乃曰「摩厲以須王出，吾刃將斬矣」，子革不亦危哉？每讀至此，不覺失笑。以吾觀之，劉暾之言正似兒戲，而史臣乃載之，以爲鯁直，何耶？

左氏傅會論語

《左氏》有傅會《論語》處甚多。子曰：「賜不受命而貨殖焉，億則屢中。」《左氏》曰：「賜不幸言而中，是使賜多言也。」子曰：「片言可以折獄者，其由也與？」《左氏》曰：「小邾射以句繹來奔，曰：『使季路要我，吾無盟矣。』」此皆附會之言，不足取信。子曰：「爲命裨諶草創之。」而《左氏》遂曰：「裨諶謀於野則獲。」蓋以「草」爲草野之草，且其所敍復與《論語》異，當以《論語》爲正。

司馬遷淺陋

《論語》本無異義，然前世頗有因其言而失之者。司馬遷書《伯夷傳》，載「伯夷叩馬而諫，父死不葬」之語，是因孔子有餓于首陽之事而增益之也。《宰我傳》載宰我與田常作亂事，是因孔子有「予也無三年之愛於父母」之説而妄意之也。遷於著述勤矣，然其爲人淺陋不學，疎略而輕信，多愛而不能擇，故其失如此。予獨善孟子於伊尹不信割烹，於百里奚不信食牛，於孔子不信侍人瘠環之事，辯證甚明，過遷遠甚。然於《論語》亦不能無失。孔子曰：「管仲之器小哉！」孟子因之，故曰：「管仲，曾西所不爲。」而不謂孔子以仁許之也。孔子曰：「子產，惠人也。」孟子因之，故曰：「惠而不知爲政。」而不謂其有君子之道四也。孔子曰：「言必信，行必果。硜硜然小人哉！」意謂必立然諾以爲信，必犯患難以爲果者，乃所謂小人也。孟子因之，故曰：「大人者，言不必信，行不必果。」此則孔子去食去兵之意矣。凡此皆因孔子之言而失之者也。孟子猶然，況太史公乎？《論語》曰：「爲命裨諶草創之。」「草」當與天造草昧之草同。而《左氏》因之，遂謂「裨諶謀於野則獲」。其後。揚子雲作《法言》以擬《論語》。孔子曰：「君子不器。」揚子便曰：「君子不械。」是何等語？此又在史遷下矣，可以發千載一笑。

史記不載齊宣王伐燕事【一】

齊宣王伐燕，見於《孟子》，而《史記》無其事。《齊世家》惟湣王時伐宋，亦不言伐燕也。《燕世家》乃云：「燕王噲立三年，聽蘇代言，以國讓相子之。國大亂，將軍市被與太子平謀將攻子之，不克。市被及百姓反攻太子平，市被死以徇，搆難數月，死者數萬。衆人恫恐，百姓離志，孟軻謂齊王曰：『今伐燕，此文、武之時，不可失也。』王因令章子將五都之兵，因北地之衆以伐燕。燕君噲死，齊大勝，燕子之亡。二年而燕人共立太子平，是爲燕昭王。」此與孟子、沈同問答事同，則此伐燕，乃湣王也。燕王噲之立，當湣王之四年，噲亡而昭王立。昭王二十八年，燕與秦、楚、三晉五國共擊齊，燕獨入，至臨淄，取其寶器，湣王謀走莒。此則孟子所謂「諸侯多謀救燕伐寡人者」也，皆湣王時事。孟子游齊、梁，當知其詳，其自著書，不知緣何誤爲宣王。退之曰：「軻之書，非軻自著。其徒相與記軻所言焉耳。」意其以此故誤也。

唐史稱房杜不言功

唐史稱房、杜不言功，予謂此乃庸人鄙夫持禄固位者得以藉口也。爲人臣而不言功，將何言乎？堯之於舜也，曰底可績；舜之於禹也，曰時乃功。舜、禹未嘗不以功言也。稷有播種之功，契有敷教之功，皋陶之功在於明刑，后夔之功在于典樂；伊尹以伐夏救民爲功，周公以制禮作樂爲功，此數君子亦未嘗不以功言也。下至蕭、曹、丙、魏，皆非無

【一】史記不載齊宣王伐燕事　『王』字原無，據書前《目錄》補。

功者，豈房、杜獨無可言，而得稱賢相乎？且爲相與用兵異，故子房無智名、無勇功者，兵以密爲機故也。今史之稱二人也，既曰「玄齡善謀，如晦能斷矣」。又曰「求其所以致之之蹟，殆不可見」，豈謀斷非其所致之蹟乎？若夫世之庸人鄙夫，阿意求合，日復一日，歲復一歲，不聞施設，將與草木共盡。此孔子所謂「斗筲之徒何足算」者也，而猥以藉口輔相彌縫藏諸用，不知其誰欺乎？

唐史贊有相反處

唐史贊自有相反處。于志寧知高宗之昧，及武后立，不敢出一言。與魏元忠、韋安石在昏主側臣間，不一引手揕奸邪之謀，一也。而贊乃謂志寧知雖死無益，而以魏、韋爲鄙。至贊韋處厚，則又謂穆、敬、文三宗主皆弗類，而一納以忠，爲以堯事君。此相反也。張巡守睢陽食愛妾，與劉昌守寧陵斬孤甥，一也。而贊乃謂昌無罪而斬其甥，士心且離，不祥莫大焉。至以杜牧所稱巡、遠陷睢陽，其名傳，昌全寧陵，而事不得暴於世，爲牧未之思。此相反也。蓋鄙魏、韋取處厚，則志寧不免爲佞臣，以昌斬孤甥爲不祥，則巡食三萬口不得爲美事。此是則彼非，不知史臣之意何在。

卷三

子類

莊子寓言無實

堯讓天下於許由，許由不受，此《莊子》寓言也，而後世信之。東坡居士曰：「巢、由不受堯禪，堯、舜不害爲至德；夷、齊不食周粟，湯、武不害爲至仁。故孔子不廢是説，曰：『武，盡美矣，未盡善也。』揚雄者獨何人，乃敢廢此，曰：『允哲堯儃舜之重，則不輕於由矣。』陋哉斯言！使夷、齊不經孔子，雄亦且廢之矣。」予以爲不然。雄之言蓋出於《史記》。太史公曰：堯將遜位，讓於虞舜。舜、禹之間，岳牧咸薦，乃試之於位。典職數十年，功用既興，然後授政。示天下重器，王者大統，傳天下若斯之難也。而説者曰堯讓天下於許由，許由不受，恥之逃隱。及夏之時，有卞隨、務光者，此何以稱焉？太史公好奇多愛，而不取許由之説，何哉？不然，雄之陋則有自矣。予觀《莊子》言堯、舜又以天下讓子州支伯與善卷石户之農，又言堯之師曰許由，由之師曰齧缺，齧缺之師曰王倪，王倪之師曰被衣。此其人名字，與子虛、無是、烏有無異。凡《莊子》所言，若孔子見老子猶龍之語，皆無其實，不可信。

揚雄不知性與心

揚雄不獨不知性，亦自不知心。雄謂心潛天而天，潛地而地，天地神明而不測者也，心之潛也，猶將測之。却不似《莊子》之言曰：「聖人之心靜乎，天地之鑒也，萬物之鏡也。」則是此心大於天地。天地萬物，固不逃於鑒照者，又豈待潛天地而後測天地乎？雄惟不知心，故亦不知天地。以心爲二於天地，此雄之陋也。《楞嚴經》曰：「一人發真歸源，十方虛空，悉皆銷殞。當知虛空生汝心内，況諸世界在虛空耶？」周之言正與此語合。

揚子法言太玄經

揚子雲《法言》，多致意於真僞之際，曰：「觀人者，審其作輟；爲政者，核其真僞。象龍之難於致雨也，尸鳩之不可傅翮也。學仲尼者，比之羊質虎皮；行儀、秦者，比之鳳鳴鷙翰。巫步多禹，而醫多盧，則以爲託也。」此其志在於譏王莽，然吾恐雄亦未免於託。雄作《太玄》以擬《周易》，或者比之吴、楚僭王，顧非僞乎？此目睫之論也。

韓退之謂荀揚未醇

韓退之謂荀、揚爲未醇，以予觀之，愈亦恐未免，蓋有流入異端而不自知者。愈之《原性》，以爲喜怒哀樂皆出乎情而非性，則流入於佛老矣。《原人》曰「一視而同仁，篤近而舉遠」，則流入於墨氏矣。《原道》鄙莊周之「剖斗折衡」，而著論排三器，則與莊周何異？此亦愈之未醇也。方知愈闢佛老而事大顛，不信方士而服硫黄，未足多怪。

蘇子由解老子與佛書合

蘇子由作《老子解》，多與佛書合，亦時用其語，當是先看佛書，知其旨趣，故時時參用耳。其與筠僧道全語，自謂得之儒書，此誇全也。予嘗恨歐陽公文章議論高出千古，而猶未能免俗，惜乎其不看佛書也。子由又嘗與子瞻語，子瞻以其所解《老子》，比《詩》、《春秋傳》、古史差不及，此亦是子由與佛書未能自得，故雖用其意而時有牽强。比三書言古今之迹，自是不及。以此故屢曾刊定，屢質之子瞻。晚年得子瞻一言，方肯自信。予觀黄魯直嘗讀《列子》，便謂普通年中事，不從葱嶺傳來。使魯直不先看佛書，亦安知此書之妙。

卷四

讀書類

前輩讀書類皆成誦

世傳蔡相當國日，有二人求堂除，適有美闕，二人競欲得之，且皆有薦拔也。蔡莫適所與，即謂曰：「能誦盧仝《月蝕詩》乎？」内一耆年者，應聲朗念，如注瓶水，音吐鴻暢，一坐盡傾。蔡喜，遂與美除。頃因夜話及此，予因歎前輩讀書，類皆成誦如此，不似今人滅裂。艾慎幾云：「《月蝕詩》要是難誦，遽讀之，有不能句者。」予曰：「柳子厚《天對》更自難讀，時時問人，人皆不解。其屈曲聱牙，不獨三盤五誥也。只此便可成侍讀侍講矣。」闔坐大笑。

讀書須知出入法

讀書須知出入法。始當求所以入，終當求所以出。見得親切，此是入書法；用得透脱，此是出書法。蓋不能入得書，則不知古人用心處；不能出得書，則又死在言下。惟知出知入，乃盡讀書之法。

讀書牢記則有進益

讀書惟在記牢，則日見進益。陳晉之一日只讀一百二十字，後遂無書不讀，所謂日計不足，歲計有餘者。今人雖不讀書，日將誦數千言，初若可喜，然旋讀旋忘，是雖一歲未嘗得百二十字也，況一日乎？予少時實有貪多之癖，至今每念腹中空虛，方知陳賢良爲得法云。

古人讀書滅裂

古人讀書，時有滅裂。范武子，晉士會也。而《今古人表》置士會於中上，列武子於上中。名且未識，能定其高下乎？劉琨詩云：「西狩泣孔丘，仲尼悲獲麟。」蓋一事而疊用之，是又不知宣聖名字耶？《法言》曰：「昔者顔回嘗睎夫子矣，正考父嘗睎尹吉甫矣，公子奚斯嘗睎正考父矣。」此亦子雲之誤。據正考父，本非作頌之人，而公子奚斯者，又但作寢廟而已，何所睎之有？其後王文考《魯靈光殿賦》，便云：「奚斯頌僖，歌其路寢。」此又可笑，然其誤已自子雲始。

解義類附

中流失船一壺千金字義

「中流失船，一壺千金」，人多不曉壺爲何物。予謂壺蓋瓠類也，《詩》曰：「八月斷壺。」《楚辭》曰：「玄蜂若壺。」壺圓而善浮，故取以濟耳。《魯語》：叔孫子賦《匏有苦葉》，叔向曰：「苦匏不材，供濟于人而已。」蓋謂腰瓠以渡水也。《莊子》亦曰：「今子有五石之瓠，何不慮以爲大樽而浮之江湖。」瓠與壺正是一類，其善浮，尚矣。遯翁説壺如環，非也。

治大國若烹小鮮

吴世英嘗語予：「『治大國若烹小鮮』，是有二義。蓋自寬厚者言之，則曰『宜勿煩擾』；自刻薄者言之，則曰『當加鹹酸』。」予知其戲，因語之曰：「太史公所謂申、韓刑名慘刻，皆原道德之意，無乃是乎？」

校勘記

卷五

文章類

文章必有宗主

一代文章，必有一代宗主。然非一代英豪，不足當此責也。韓退之抗顔爲師，雖子厚猶有所忌，況他人乎？予觀國初文章，氣體卑弱，猶有五代餘習。自穆脩等始作爲古文，學者稍稍從之，然未盛也。及歐陽公、尹師魯輩出，然後國朝之文，始極於古。然歐陽公作《師魯墓誌》，但言其「文章簡而有法」而已，不以古文斷自師魯始也。世以此疑公平日與師魯厚善，亟稱其文字，乃於此若有所惜，何哉？石守道作《三豪詩》曰：「曼卿豪於詩，杜默豪於歌，永叔豪於文。」默之歌豈可與歐公比？而公有《贈默詩》云：「贈之《三豪》篇，而我濫一名。」不以爲誚者，此公惡爭名，且爲介諱也。公既不爭名於杜默，而復有惜於師魯乎？雖然，予聞之，孫權初欲與劉備共取蜀，遣使報備。備欲自圖蜀，拒答不聽，曰：「今同盟無故自相攻伐，使敵乘隙，非長計也。」權復不聽，遣孫瑜率水軍住夏口。備不聽軍過，謂瑜曰：「汝欲取蜀，吾當被髮入山，不失信於天下也。」權既召瑜還，備遂自襲蜀，取之。古人於臨事切要處，未嘗不自留一著也。今觀歐陽公言，若以古文始自師魯，則前有穆脩及有宋先達甚多，此豈其本心哉？無乃亦自留一著乎？不然，蒲盧嫛何其髮短而心甚長耶？

作文貴首尾相應

桓温見《八陣圖》曰：「此常山蛇勢也。擊其首則尾應，擊其尾則首應，擊其中則首尾俱應。」予謂此非特兵法，亦文章法也。文章亦要宛轉回復，首尾相應，乃爲盡善。山谷論詩文亦云：「每作一篇，先立大意。長篇須曲折三致意，乃成章耳。」此亦常山蛇勢也。

文章貴錯綜

《楚辭》以「日吉」對「良辰」，以「蕙殽蒸」對「奠桂酒」。沈存中云：「此是古人欲錯綜其語，以爲矯健故耳。」予謂此法本自《春秋》，《春秋》書「隕石于宋五。是月，六鷁退飛，過宋都。」説者皆以石鷁五六先後爲義，殊不知聖人文字之法，正當如此。且如既曰「隕石于宋五」，又曰「退飛鷁于宋六」，豈成文理。故不得不錯綜其語，因以爲健也。《楚辭》正用此法。其後韓退之作《羅池碑》云：「春與猿吟兮秋鶴與飛。」以與字上下言之，蓋亦欲語反而辭健耳。今《羅池碑》石刻古本如此，而歐陽公以所得李生《昌黎集》較之，只作「秋與鶴飛」，遂疑石本爲誤。惟沈存中爲始得古人之意，然不知其法自《春秋》出，蓋自予始發之。予乃今知古人文字始終開闔，有宗有趣，其不苟如此。

文章奪胎換骨

文章雖要不蹈襲古人一言一句，然古人自有奪胎換骨等法。所謂靈丹一粒，點鐵成金也。歐陽公《祭蘇子美文》云：「子之心胸，蟠屈龍蛇。風雲變化，雨雹交加。忽然揮斥，霹靂轟車。人有遭之，心驚膽破，震仆如麻。須臾霽止，而回顧百里，山川草木，開發萌芽。子於文章，雄豪放肆，有如此者。吁，可怪耶？」但知誦公此文，而不知實有本處。公作《黄夢升墓銘》，稱夢升哭其兄子庠之詞曰：「子之文章，電激雷震，雨雹忽止，闃然滅泯。」公嘗喜誦之，祭文蓋用此耳。夢升所作，雖不多見，然觀其詞句，多奇可喜，正得所謂千兵萬馬之意。及公增以數語，而變態如此，此固非蹈襲者。其後東坡《跋姜君弼課册》亦云：「雲興天際，歘若車蓋，凝矑未瞬，瀰漫霮霸。驚雷出火，喬木糜碎。殷地爇空，萬夫皆廢。霤絙四墜，日中見沬，移晷而收，野無完塊。」此三者語各不同，然只是一意。前輩作者皆用此法，吾謂此實不傳之妙，學者即此便可反三隅矣。

文章由人所見

文章似無定論，殆是由人所見爲高下耳。只如楊大年、歐陽永叔，皆不喜杜詩，二公豈爲不知文者，而好惡如此。晏元獻公嘗喜誦梅聖俞「寒魚猶著底，白鷺已飛前」之句，聖俞以爲「此非我之極致者，豈公偶自得意於其間乎？」歐公亦云：「吾平生作文，惟尹師魯一見，展卷疾讀，五行俱下，便曉人深意處。」然則於餘人當有所不曉者多矣。所謂文章如精金美玉，自有定價，不可以口舌增損者，殆虚語耶？雖然，《陽春》、《白雪》而和者數人，《折楊》、《黄華》則嗑然而笑，自古然矣。吾觀昔人於小詩，皆旬鍛月煉，至謂「吟安一箇字，撚斷數莖鬚」者，其意如此。乃知老杜曰「更覺良工心獨苦」，不獨謂畫也。

文章博遠貴於精工

世傳歐陽公平昔爲文章，每草就，紙上淨訖，即粘掛齋壁，臥興看之，屢思屢改，至有終篇不留一字者，蓋其精如此。大抵文以精故工，以工故傳遠。三折肱始爲良醫，百步穿楊始名善射。真可傳者，皆不苟者也。唐人多以小詩著名，然率皆旬鍛月錬，以故其人雖不甚顯，而詩皆可傳，豈非以其精故耶？然人説楊大年每遇作文，則與門人賓客飲博、投壺、奕棋，語笑喧譁，而不妨屬思。以小方紙細書，揮翰如飛，文不加點，每盈一幅，則命門人傳録。須臾之際，成數千言，如此似爲難及。然歐公、大年要皆是大手，歐公豈不能與人鬬捷哉？殆不欲苟作云耳。予每見同舍臨文之際，試就借觀，則曰此草草牽課耳。予把定戲曰：「恐君精思，亦莫止此。」其人心雖不悦，然知其戲，亦卒無以應予。遂皆笑而罷。

文字意同語有工拙

文字意同，而立語自有工拙。沈存中記穆脩、張景二人同造朝，方論文次，適有奔馬踐死一犬，遂相與各記其事以較工拙。穆脩曰：「馬逸，有黃犬遇蹄而斃。」張景曰：「有犬死奔馬之下。」今較此二語，張當爲優。然存中但云：「適有奔馬踐死一犬。」則又渾成矣。予觀鳩摩羅什及竺法護所譯經，法護曰：「大衆團團坐，努目看世尊。」羅什即云：「瞻仰尊顏，目不暫捨。」不惟語工，亦自省力。即此可以卜才之長短。

爲文妙在掩抑頓挫

予因學琴，而得爲文之法。文章之妙處，在能掩抑頓挫，令人讀之亹亹不倦。韓退之《聽穎師琴詩》曰：「昵昵兒女語，恩怨相爾汝。劃然變軒昂，勇士赴敵場。浮雲柳絮無根蔕，天地闊遠隨飛揚。喧啾百鳥羣，忽見孤鳳凰。躋攀分寸不可上，失勢一落千丈强。」此頓挫法也。退之《與李翱書》並用其法，云：「僕之家本窮空，重遇攻刼，衣服無所得，養生之具無所有，家累僅三十口，攜此將安所歸托乎？捨之入京不可也，挈之而行不可也，足下將安以爲我謀哉？此一事耳，足下謂我入京城有所益乎？僕之所有，子猶有不知者，時人能知我哉？持僕所守，驅而使奔走伺候公卿間，開口論議，其安能有以合乎？」又云：「所貴乎京師者，得不以明天子在上，賢公卿在下，布衣韋帶之士談道義者多乎？以僕皇皇於其中，能上聞而下達乎？其知我者固少，知而相愛不相忌者又加少。內無所資，外無所繼，終安所爲乎？嗟乎！子之責我誠是也，愛我誠多也，今天下之人有如子者乎？自堯、舜以來，士有不遇者乎？無也。子獨安能使我潔清不污而處其所

可樂哉？」大略如此，觀其筆力，覆抑頓挫，文采粲然，與穎師琴聲何異？【一】

作文須題外立意

文章須要於題外立意，不可以尋常格律自窘束。東坡常有詩曰：「論畫以形似，見與兒童鄰。作詩必此詩，定知非詩人。」此便是文字關紐也。予亦嘗有和人詩云：「蛟綃巧織在深泉，不與人間機杼聯。要知妙在筆墨外，第一莫爲醒者傳。」竊自謂得公意，但不知句法古人多少。

作文使事之難

文章不使事最難，使事多亦最難：不使事難於立意，使事多難於遣辭。能立意者，未必能造語；能遣辭者，未必能免俗，此又其最難者。大抵爲文者多，知難者少。

古人多假借用字

古人多假借用字。《集古録》言漢人以歐陽爲羊，眉壽爲麋之類，皆由古文字少，故假借用之耳。今觀《論語》中，如曰：「孝弟也者，其爲仁之本與？」又曰：「觀過斯知仁矣。」又曰：「井有仁焉。」竊謂此「仁」字，皆當作「人」。蓋是假借用之，而學者以其字之爲「仁」也，多曲爲之解。予求其説而不得，故依漢人例，敢以「仁」「人」爲通用之文。不然，則「井有仁焉」爲仁義之仁，果何謂乎？

觀人文章

【一】與穎師琴聲何異　「聲」，汲古閣本作「詩」。

文章雖工，而觀人文章亦自難識。知梵志翻著襪法，則可以作文；知九方皐相馬法，則可以觀人文章。

晉唐國朝之文

晉無文章，惟陶淵明《歸去來辭》一篇而已。唐無文章，惟韓退之《送李愿歸盤谷序》一篇而已。予亦謂國朝無文章，惟范文正公《嚴先生祠堂記》一篇而已。

唐宋文章皆三變末流不免有弊

唐文章三變，本朝文章亦三變矣。荆公以經術，東坡以議論，程氏以性理，三者要各自立門户，不相蹈襲。然其末流皆不免有弊。雖一時舉行之過，其實亦事勢有激而然也。至今學文之家，又皆逐影吠聲，未嘗有公論，實不見古人用心處，予每爲之太息。

韓文公論佛骨表其説始於傅奕

韓文公《論佛骨表》，其説始於傅奕。奕言：「五帝三王，未有佛法。君明臣忠，年祚長久。至漢明帝，始立胡祠，然惟西域桑門自傳其教。西晉以上，不許中國髡髮事胡，至石苻亂華，乃弛厥禁。主庸臣佞，政虐祚短，事佛致然。」愈特敷衍其辭耳。愈以人主無不欲壽者，以此刼之，冀從其諫耳。不意憲宗忌之深也。愈至潮州，上表哀謝，憲宗曰：「愈誠愛我，但謂事佛則年代不永，誠不可。」然憲宗自是不善聽諫，賈誼言於文帝曰：「生爲明帝，死爲明神。顧成之廟，名爲太宗。」當天子春秋隆盛之時，以死生言之，然文帝不忌也。使愈當此時，庶幾其説得行哉！然愈所論，與周公《無逸》之戒大異。

東坡作文用事

東坡省試論刑賞，梅聖俞一見，以爲其文似《孟子》，置在高等。坡後往謝梅，梅問：「論中用堯、皐陶事出何書？」坡徐應曰：「想當然耳。」至今傳以爲戲。予讀坡應制科試形勢不如德論，坡時亦似不曉出處。

卷六

文才類

王勃滕王閣序文有本祖

王勃《滕王閣序》：「落霞與孤鶩齊飛，秋水共長天一色」之語，當時無賢愚，皆以爲警絶。然予觀庾信《馬射賦》已云：「落花與芝蓋齊飛，楊柳共青旗一色」，則知王勃之語已有來處。然其句調雄傑，比舊爲勝。及觀歐公《集古録·隋德州長壽寺舍利碑》亦云：「浮雲共嶺松張蓋，明月與岩桂分叢。」則又淺陋，與初造語者相去甚遠。

歐蘇之文

「仕宦而至將相，富貴而歸故鄉」，此歐公《晝錦堂》第一句也。其後東坡作《韓文公廟碑》，其破題云「匹夫而爲百世師，一言而爲天下法」，語句之工，便不減前作。議者謂：歐公語工於敍富貴，坡語工於説道義。蓋此二句，皆即其人而記其事，已道盡二人平生事實。如此，自非筆端有力，那能至是？

歐文多擬韓作

韓文重於今世，蓋自歐公始倡之。公集中擬韓作多矣。予輒能言其相似處：公《祭吴長文》似《祭薛中丞文》，《書梅聖俞詩稿》似《送孟東野序》，《弔石曼卿文》似《祭田横墓文》。蓋其步驟馳騁，亦無不似，非但效其句語而已。孫樵嘗言自得爲文真訣於來無擇，無擇得之於皇甫持正，持正得之於韓吏部。據其所言，似有來處。然樵之文實牽强僻澁，氣象絶不類韓作，而過自稱許。嫫母捧心，信有之矣。吾嘗謂韓氏之牆數仞，樵輩尚未能造其藩，敢言文乎？

蘇明允辯奸論

《辯奸論》、《王司空贈官制》，皆蘇氏宿憾之言也。予聞老蘇初來京師，以所著《權書》、《衡論》投歐陽公，一時稱其文章。王荆公時已爲知制誥，獨不善之，以其文縱横有戰國氣習，屢詆於衆，故明允惡荆公甚於仇讐。會張安道亦爲荆公所排，明允遂作《辯奸論》一篇，以荆公比王衍、盧杞，密獻安道，而不敢示歐公。荆公後微聞之，因不樂子瞻兄弟，然當時此論不出。元豐間，子由從安道辟于南京，請爲明允墓表，遂全載之。而蘇氏亦不敢上石，諒有愧于其言哉？贈官制，當元祐初，方盡廢新法，蘇子由作《神宗御集序》，尚以曹操比之，何有于荆公？以此知王、蘇之憾，固不獨論新法也。然後學至今莫不黨元祐而薄王氏，寧不可笑？

蘇黄文妙一世

蘇、黄文妙一世，殆是天才難學，然尚有蹊徑可得而尋。東坡常教學者熟讀《毛詩·國風》與《離騷》，曲折盡在是矣。又或令讀《檀弓》上下篇。魯直亦云：文章好奇，自是一病，學作議論文字，須取蘇明允文字觀之耳，并熟看董、賈諸文。又云：欲作《楚辭》，追配古人，直須熟讀《楚辭》，觀古人用意曲折處講學之，然後下筆。譬如巧女文繡妙一世，若欲作錦，必得錦機乃能作錦。觀其所論，則知其不苟作，不似今之學者但率意爲之，便以爲工也。世人好談蘇、黄多矣，未必盡知蘇、黄好處。今《毛詩·國風》與《楚辭》、《檀弓》俱在，不知當如何讀，曲折處當復如何，蘇、黄之作又復如何。李白曰「但得酒中趣，勿爲醒者傳」也。然雖如是，與其遠想頗、牧，不若暗合孫、吴，便是蘇、黄猶在。

彭乘批答之謬

世傳彭乘爲翰林學士，田況知成都。方兩蜀荒歉，人民流離，況纔度荆門，即發倉賑濟，上表待罪。乘爲批答，云：「纔度巉巉之險，便興惻惻之情。」邊帥有乞朝覲者，許秋涼即塗。乘復爲批答，曰：「當倏蕭蕭之候，爰堪靡靡之行。」至今爲笑。又王平爲侍御史，故事拜御史滿百日不言，罷爲外官。平上事垂滿百日而未嘗一言，衆以爲有待而發也。一日，聞其入劄，咸共傾耳，意其必論大事。乃彈御膳中有髮，其辭曰：「是何穆若之容？忽覩鬖如之狀。」又有楊安國者爲侍講，講《論語》至「一簞食，一瓢飲」，乃操俚語曰：「官家，顔回甚窮，但有一籮粟米飯，一葫蘆漿水。」又講「自行束脩以上，吾未嘗無誨焉」，遽啓曰：「官家，孔子教書也須要錢。」上大哂之。山林之士，望翰苑經筵與夫烏府柏臺言事之職，不啻如在天上。意其文章議論，非復人間常語。然傳於世者，時有此曹，乃適足以資林下之一噱而已。方知伏獵侍郎、杖杜宰相，與華省名郎錯判芳洲杜若，信有之矣。吾爲乘等援唐人之繆，復誦淵明之詩曰：「何以慰吾懷？賴古多此賢。」假令乘等尚在，聞吾此語亦當一笑。

東坡文字妙一世

魯直嘗言：「東坡文字妙一世，其短處在好駡耳。」予觀山谷渾厚，坡似不及。坡蓋多與物忤，其游戲翰墨，有不可處輒見之詩。然嘗有句云：「多生綺語磨不盡，尚有宛轉詩人情。猿吟鶴唳本無意，不知下有行人行。」蓋其自序如此。又嘗自言：「性不慎語言，與人無親疎，輒輸寫肝膽，有所不盡，如茹物不下，必吐盡而已。而世或記疏以爲怨咎。」此語蓋實録也。坡自晚年更涉世患，痛自摩治，盡黜圭角，方更純熟。故其詩曰：「我生本强鄙，少以氣自擠。扁舟到江海，赤手攬象犀。年來輒自悟，留氣下煖臍。」觀此詩便可想其爲人矣。大抵高人勝士類是，不能徇俗俯仰，其嫚駡玩侮，亦其常事。但後生慎勿襲其軌，或當如魯直所言爾。然予觀坡《題李白畫像》云：「西望太白横峨岷，眼高四海空無人。平生不識高將軍，手涴吾足乃敢瞋。」又嘗有詩曰：「七尺頑軀走世塵，十圍便腹貯天真。此中空闊渾無物，何止容君數百人。」且自言：「我所謂君者，自王茂洪之流耳。豈謂此等輩哉！」乃知坡雖好駡，尚有事在。

蘇子由文

蘇子由著《歷代論》，以牛僧孺、李德裕俱爲一代之偉人，以馮道事四姓九君爲非其過，庶幾乎以忠恕格物者。至《神宗皇帝御集序》，乃以曹操比，而於《挽辭》曰：「量書廢寢興」，則又是秦始皇也。不知當時下筆之際，意果何在？

東坡兄弟議論相反

東坡兄弟文章議論大率多同，惟子由文字，晚年屢加刊定，故時與子瞻有相反處，蓋以矯王氏尚同之弊耳。至子瞻《易傳》，論天地之數五十有五，而太衍之數五十者土無成數，無定位，無專氣【一】，故不特見。而子由遂曰「此野人之説也」，則似矯枉太過。

秦少游文自成一家

吕居仁嘗言，少游從東坡游，而其文字乃自學西漢。以余觀之，少游文字格似止此，所進論策，辭句頗若刻露，不甚含蓄。若以比坡，不覺望洋而歎也，然亦自成一家。

蔡君謨萬安橋記

蔡君謨作《泉州萬安渡石橋記》，文字極簡古。然予謂已剩却八言，蓋既言其「長三千六百尺，翼以扶欄」矣，不當又言「如其長之數而兩之」，此八字爲贅。吾叔可用云：「前稱以嘉祐四年二月辛未訖功，以字未穩，凡言以者，如《左氏》所謂能左右云也，橋之訖

【一】無專氣　「無」原作「者」，據叢書本及四庫本《東坡易傳》改。

功，豈可以人意左右之哉？」予曰：「似此細看，便無全篇。只如『緣指于淵，梁空以行』，是橋皆如此，此亦可删矣。《蘭亭序》豈非佳作，然『天高氣朗』，不合時景，『絲竹管絃』，語又重復，故不得入《選》。」乃知文章之病，古人未免也。予因語坐客：「吕不韋著《吕氏春秋》，懸千金咸陽市門，延諸侯遊士賓客，有能增損一字者，與千金，羲之、君謨得無多廢金乎？」衆爲一笑。

陳表民葉嘉傳

《東坡集》有《葉嘉傳》，此吾邑陳表民作也。表民名元規【二】，不及見其人，蓋名士也。予在中江，見朱澧《説坡集》和賀方回《青玉案》卒章，有「曾涇西湖雨」之句，人以爲坡詞，此乃華亭姚晉道作也。余嘗恨荆公、東坡文字至今無全集。蓋前世韓、柳文亦必假李漢、劉禹錫編次。然荆公嘗云：「李漢豈知退之者，編其文不擇美惡，有不可以示子孫者。」以此語門弟子，意有在焉，其文迄無善本。坡亦嘗言：「曾子固編《李白集》，而有《贈懷素草書》及《笑矣乎》數首，皆貫休以下，格調卑弱。子固號有智識者，故深可怪。」此亦坡以自見也。予觀坡集中如《醉鄉、睡鄉記》之類，鄙俚淺近，決非坡作。或云坡只有《江摇柱傳》，它皆非是。今市書肆往往逐時增添改换，以求速售，而官不之禁也。雖《歐公集》已經東坡纂類，至今猶有續添之文，況未編者乎？然蜀中亦竟無全本，不知其何故也。豈一時門生故吏無劉、李之識，抑其家子孫之過？

【二】表民名元規　「元規」，叢書本作「裕吾」。

蕭統姚鉉文選文粹之陋

柳子厚《壽州安豐縣孝門銘》自「壽州刺史臣承思」而下，蓋序也，以表爲序，亦文之一體也。而姚鉉所編《文粹》乃録銘于前，而于題下註云：「并《壽州刺史表》。」録《表》于銘後以附見焉。此鉉之陋也。《高唐神女賦》自「玉曰唯唯」以前，皆賦也，而蕭統謂之序，東坡嘗笑其陋。若鉉者又何足笑云？

校勘記

卷七

詩類

陶淵明杜子美韓退之詩

文章以氣韻爲主，氣韻不足，雖有辭藻，要非佳作也。乍讀淵明詩，頗似枯淡，久久有味，東坡晚年酷好之，謂李、杜不及也。此無他，韻勝而已。韓退之詩，世謂押韻之文耳，然自有一種風韻。如《庭楸詩》：「朝日出其東，我常在西偏。夕日在其西，我常在東邊。當晝日在上，我坐中央焉。」不知者便謂無工夫，蓋是未窺古人妙處耳。且如老杜云：「黄四娘家花滿蹊，千朵萬朵壓枝低。」此又可嫌其太易乎？論者謂子美「無數蜻蜓飛上下，一雙鸂鶒對浮沉」，便有「關關雎鳩，在河之洲」氣象。予亦謂淵明「藹藹遠人村，依依墟里烟。犬吠深巷中，雞鳴桑樹顛」，當與《豳詩·七月》相表裏。此殆難與俗人言也。予每見人愛誦「影摇千丈龍蛇動，身撼半天風雨寒」之句，以爲工，此如見富家子弟，非無福相，但未免俗耳。若「霜皮溜雨四十圍，黛色參天二千尺」，便覺氣韻不侔也。達此理者，始可論文。

杜陶二公詩話天成

陶淵明詩：「採菊東籬下，悠然見南山。」採菊之際，無意于山而景與意會，此淵明得意處也。而老杜亦曰：「夜闌接軟語，落月如金盆。」予愛其意度閒雅，不減淵明，而語句雄健過之。每詠二詩，便覺當時清景盡在目前。而二公寫之筆端，殆若天成，玆爲可貴。

江文通擬古詩

擬古之詩，難于盡似。觀江文通《雜體詩三十首》，便是顔淵具體，叔敖復生也。自是以來，作者衆矣。然皆乘漢王之車，據仲尼之坐者也。或者曰：前世有擬古之詩，未聞有擬古之文者。予謂韓退之爲樊宗師作墓誌，便似宗師；與孟東野聯句，便似東野。而《歐公集》中，擬韓作者多矣。但恨世人未能讀書眼如月，隙罅靡不照耳。不然，此非吾君也，何其聲之似我君也？

柳子厚白樂天學陶東坡和陶詩

山谷常謂白樂天、柳子厚俱效陶淵明作詩，而唯子厚詩爲近。然以予觀之，子厚語近而氣不近，樂天氣近而語不近。子厚氣悽愴，樂天語散緩，雖各得其一，要于淵明詩未能盡似也。東坡亦嘗和陶詩百餘篇，自謂不甚愧淵明。然坡詩語亦微傷巧，不若陶詩體合自然也。要知陶淵明詩，須觀江文通《雜體》詩中擬淵明作者，方是逼真。

杜詩高妙

老杜詩當是詩中六經，他人詩乃諸子之流也。杜詩有高妙語，如云：「王侯與螻蟻，同盡隨丘墟。願聞第一義，回向心地初。」可謂深入理窟，晉、宋以來詩人無此句也。「心地初」乃《莊子》所謂「游心於淡，合氣於漠」之義。

杜詩句句可出題目

老杜詩如董仲舒策，句句典實，堪出題目。餘人詩非不佳，但可出題者終少耳。好詩與好句正自不同。

杜子美贈花卿詩

世人讀子美《贈花卿》詩有「此曲只應天上有，人間那得幾回聞」之句，因誤認花卿爲歌妓者多矣。按花卿，蓋西川牙將，嘗與西川節度崔光遠平段子璋，遂大掠東川。故子美復有《戲贈花卿歌》。其卒章云：「人道我卿絶代無，天子何不唤取守京都。」當時花卿跋扈不法，有僭用禮樂之意。子美所贈，蓋微而顯者也。不然，豈天上有曲而人間不得聞乎？

韓退之詩

退之送惠師、靈師、文暢、澄觀等詩，語皆排斥，獨於靈師似若褒惜而意實微顯。如「圍棋六博醉，花月羅嬋娟」之句，此豈道人所宜爲者？其卒章云：「方將斂之道，且欲冠其顛。」於澄觀詩亦云「我欲收斂加冠巾」，此便是勒令還俗也。退之又嘗有詩云：「我寧屈曲自世間，安能從汝巢神仙？」故作《謝自然》、《誰氏子》等詩，尤爲切齒。然於《華山女》詩乃獨假借，末句云：「仙梯難攀俗緣重，浪憑青鳥通丁寧。」與《記夢》詩語便不同，不知何以得此也？

韓退之符讀書城南

《符讀書城南》，有「少長」語。本出前漢《匈奴傳》云：「兒能引弓射鳥鼠。少長，則射狐兔用爲食。」少長，猶稍長也。

韓退之嘲富兒

韓退之嘲京師富兒，「不解文字飲，惟能醉紅裙」。然予觀退之，亦未是忘情者。退之自有二侍妾，名絳桃、柳枝，張籍詩所謂「乃出二侍女，合彈琵琶箏」者也。又嘗有詩云：「銀燭未銷窗送曙，金釵半醉坐添春。」此豈空飲文字者耶？

周朴杜荀鶴詩

處士周朴，有能詩名於唐末。歐陽公嘗稱朴詩「風暖鳥聲碎，日高花影重」之句。然此杜荀鶴詩，非朴句也，見《唐風集》。公言少時見其集，今不復傳。又言鄭谷詩號《雲臺編》者，今亦不行於世。然今市肆實有此集。二人唐史皆不爲立傳，獨朴死巢兵，不屈其節，因見巢傳中。余家有朴詩百餘篇，嘗爲之序，異日當別加搜訪遺逸爲全集，以傳於世。

太祖皇帝詩語雄健

帝王文章，自有一般富貴氣象。國朝，江南遺徐鉉來朝，鉉欲以辨勝，至誦後主月詩云云。太祖皇帝但笑曰：「此寒士語耳，吾不爲也。吾微時，夜自華陰道中，逢月出，有句云：『未離海底千山暗，纔到中天萬國明。』」鉉聞，不覺駭然驚服。太祖雖無意爲文，然出語雄健如此。

予觀李氏據江南，全盛時，宮中詩曰：「簾日已高三丈透。金鑪次第添香獸。紅錦地衣隨步皺。佳人舞點金釵溜【一】。酒惡時拈花蘂嗅。别院時聞簫鼓奏。」議者謂與「時挑野菜和根煮，旋斫生柴帶葉燒」者異矣。然此盡是尋常説富貴語，非萬乘天子體。於蓋聞太祖一日與朝臣議論不合，歎曰：「安得桑維翰者與之謀事乎？」左右曰：「縱維翰在，陛下亦不能用之，蓋維翰愛錢。」太祖曰：「措大家眼孔小，賜與十萬貫，則塞破屋子矣。」以此言之，不知彼所謂「金爐」、「香獸」、「紅錦地衣」當費得幾萬貫？此語得無是「措大家眼孔」乎？

歐蘇梅比肩韓孟

韓退之之與孟東野爲詩友，近歐陽公復得梅聖俞，謂可比肩韓、孟。故公詩云：「猶喜共量天下事，亦勝東野亦勝韓」也，蓋嘗目聖俞爲詩老云。公亦最重蘇子美，稱爲「蘇梅」。子美喜爲健句，而梅詩乃務爲清切閒淡之語。公有《水谷夜行》詩，備述其體。然子美嘗曰：「吾不幸，寫字人以比周越，作詩人以比梅堯臣。」此又可笑。

【一】佳人舞點金釵溜　「佳」原作「家」，據叢書本及《全唐詩》改。

歐公詩倣韓作

韓文公嘗作《赤藤杖歌》云：「赤藤爲杖世未窺，臺郎始攜自滇池。共傳滇神出水獻，赤龍拔鬚血淋漓。」又云：「羲和操火鞭，暝到西極睡。」所遺此歌，雖窮極物理，然恐非退之極致者，歐公遂每每效其體，作《淩溪大石》云：「山經地誌不可究，遂令異説爭紛紜。皆云女媧初鍛鍊，融結一氣凝精純。仰觀蒼蒼補其缺，染此紺碧瑩且溫。或疑古者燧人氏，鑽以出火爲炮燔。苟非聖人親手跡，不爾孔穴誰雕剜？」又云：「漢使把漢節，西北萬里窮崑崙，行經于闐得寶玉，流入中國隨河源。沙磨水激自穿穴，所以鐫鑿無瑕痕。」觀其立意，故欲追倣韓作，然頗覺煩冗，不及韓歌爲渾成爾。公有又《石篆詩》云：「我疑此字非筆墨，又疑人力非能爲。始從天地胚胎判，元氣結此高崔巍。當時野鳥踏山石，萬古遺跡于蒼崖。山祇不欲人屢見，每吐雲霧深藏埋。」《紫石硯屏歌》云：「月從海底來，行向天東南。正當天中時，下照萬丈潭。潭中無風月不動，倒影射入紫石巖。月光水潔石瑩淨，感此陰魄來中潛。自從月入此石中，天有兩曜分爲三。」公又嘗作《吴學士石屏歌》云：「吾嗟人愚不見天地造物之初難，乃云萬物生自然。豈知鐫鑿刻畫醜與妍，千狀萬態不可殫，神愁鬼泣日夜不得閒。」此三篇亦前詩之意也，其法蓋出于退之。然《石屏歌》云：「又疑鬼神好勝憎吾儕，欲極奇怪窮吾才。」而《洛陽牡丹圖》詩又云：「又疑人心愈巧僞，天欲鬬巧窮精微。」二詩殆是一意，自不宜兩用。

歐公言古詩

歐公嘗言：古詩中，時作一兩聯屬對，尤見工夫。觀公《内制集序》云：「若夫涼竹簟之暑風，曝茆簷之冬日。睡餘支枕，念昔平生。顧瞻玉堂，如在天上。」乃知公不獨用之于詩也。予三復此語，併誦淵明《歸去來辭》云：「舟遥遥以輕颺，風飄飄而吹衣。問征夫以前路，恨晨光之熹微。乃瞻衡宇，載欣載奔。童僕歡迎，稚子候門。三徑就荒，松菊猶存。攜幼入室，有酒盈樽。引壺觴以自酌，眄庭柯以怡顔。倚南窗以寄傲，審容膝之易安。」又云：「農人告予以春及，將有事于西疇。或命巾車，或棹孤舟。既窈窕以尋壑，亦崎嶇而經丘。木欣欣以向榮，泉涓涓而始流。」因思乎文中時復作四言句，使相間錯成文，又益奇也。

山谷言詩

山谷嘗言作詩正如作雜劇，初如布置，臨了須打諢，方是出場。予謂雜劇出場，誰不打諢？只難得切題可笑也。山谷蓋是讀秦少章詩，惡其終篇無所歸，故有此語。然東坡嘗有《對賜御書》詩曰：「小臣頗對紫微花，試草尺書招贊普。」秦少章一見便曰：「如何便説到這裏？」少章之意，蓋謂東坡不當合鬧，然亦是不會看雜劇也。據坡自註云：「時熙河秋獲鬼章，是日涇原復奏夏賊數十萬人皆遁去。」故其詩云：「莫言弄墨數行書，須信時平由主聖。犬羊散盡沙漠空，捷烽夜到甘泉宫。似聞指揮築上郡，已覺談笑無西戉。」乃知坡詩意自有在。

山谷論淵明詩

山谷嘗言：「睹淵明《責子》詩，想見其人愷悌慈祥，戲謔可觀也。俗人便謂淵明諸子皆不肖，而淵明愁歎見於詩。可謂癡人前不得説夢也。」然老杜云：「淵明避俗翁，未必能達道。有子賢與愚，何用掛懷抱。」如山谷所云，則杜公猶自未能免俗，何耶？

東坡山谷詩可謂畫本

東坡詠梅，有「竹外一枝斜更好」之句，此便是坡作《夾竹梅花圖》，但未下筆耳。每詠其句，便如行孤山籬落間，風光物采來照映，人應接不暇也。近讀山谷文字云：「適有人以桃杏雜花擁一枝梅見惠，谷爲作詩。不知惠者何人，然能如此安排，亦是不凡。正如市倡東塗西抹，忽見謝家夫人，蕭散自有林下風采，益復可喜。」竊謂此語，便可與坡詩對，畫作兩幅圖子也。戲録於此，將與好事者以爲畫本。

東坡秦少游周美成詩

東坡《藏春塢》詩，有「年抛造物甄陶外，春在先生杖屨中」之句，其後秦少游作《俞待制挽詞》，遂云：「風生使者旌麾上，春在將軍俎豆中。」人已謂其依倣太甚。今人只見周美成《蔡相生辰詩》云：「化行《禹貢》山川外，人在周公禮樂中。」相傳競以爲佳，不知前輩已疊用之矣。人之易欺如此。

卷八

詩類

東坡贈劉景文文與可詩

東坡居吴中久，頗熟其風土，嘗作詩云：「荷盡已無擎雨蓋，菊殘猶有傲霜枝。一年好景君須記，最是橙黄橘緑時。」論者謂非吴人不知其爲佳也。坡又嘗作《文與可洋州園池詩》云：「金橙縱復里人知，不見鱸魚價自低。須是松江煙雨裏【一】，小船燒薤擣香虀。」又云：「溶溶春巷漾晴暉，蘆笋生時柳絮飛。不見江南三月裏，桃花流水鮆魚肥。」予謂橙虀、鱸鱠、桃花、肥鮆，似此景致，亦豈北人所有？

東坡西湖詩

東坡酷愛西湖，嘗作詩云：「若把西湖比西子，淡粧濃抹總相宜。」識者謂此兩句，已道盡西湖好處。公又有詩曰：「雲山已作歌眉淺，山下碧流清似眼。」予謂此詩又是爲西子寫生也。要識西子，但看西湖。要識西湖，但看此詩。

東坡詩用事多誤

校勘記

【一】須是松江煙雨裏　「裏」原作「底」，據叢書本及《東坡全集》改。

東坡詩用事多有誤處。《虢國夫人夜遊圖》詩云：「當時亦笑潘麗華，不知門外韓擒虎。」陳後主張貴妃名麗華，韓擒虎平陳，後主、麗華俱見收。而齊東昏侯有潘淑妃，初亦名麗華也。又按《梅花絶句》云：「月地雲堦漫一樽，玉奴終不負東昏。臨春、結綺荒荆棘，誰信幽香是返魂。」此亦張麗華事，而坡作東昏侯用之。坡又有詩云「全勝倉公飲上池」，《史記》飲上池乃是扁鵲。又詩云：「縱令司馬能鑱石，奈有中郎解摸金。」而袁紹檄曹操蓋云「發丘中郎」、「摸金校尉」。又詩云：「市區收罷魚豚税，來與彌陀共一龕。」緒遂良云「一食清齋，彌勒同龕」，非「彌陀」也。此類非一。蓋惟大才方可闊略，餘人正不可學。

吕居仁秦少游詩

吕居仁嘗有一絶云：「胡虜那知鼎重輕，禍胎元自誤公卿。襄陽耆舊推龐老，受禪碑中無姓名。」後有人題於館驛壁上，仍注其下云：「此吕本中嘲厥祖之作。」見者無不大笑，蓋吕之父嘗聯名立僞楚故也。近王會出守吴興，其甥秦伯陽以詩送之，卒章云：「飽聞吕老榴皮字，試問溪頭鶴髮翁。」自註云：「事見東坡詩。」按坡集言吕洞賓嘗以石榴皮書字於湖州沈東老之壁，故后山詩云：「至用榴皮緣底事，中書君豈不中書。」其意不能無諷議也。今秦公乃指坡此詩爲出處，無乃亦嘲厥祖乎？兹可以絶倒。

梅聖俞河豚車螯詩

梅聖俞《河豚》詩云：「但言美無度，誰知死如麻。」歐公《食車螯》詩亦云：「但知美無厭，誰謂來甚遐。」便覺牽强，不似梅詩爲切題。

王荆公晚年極精巧

荆公晚年，詩極精巧。如云「木落山林成自獻，潮回洲渚得横陳」，「一水護田將緑遶，兩山排闥送青來」之類，可見其琢句工夫。然論者猶恨其雕刻太過。公嘗讀杜荀鶴《雪》詩云：「江湖不見飛禽影，巖谷惟聞折竹聲。」改云：「宜作『禽飛影』、『竹折聲』。」又王仲至《試館職》詩云：「日斜奏罷《長楊賦》，閒拂塵埃看畫牆。」公爲改云「奏賦長楊罷」，云如此語健。此亦是一癖。

陳簡齋墨梅詩

客有誦陳去非《墨梅》詩于予者，且云：「信古人未曾道此。」予誦其一曰：「『潔白江南萬玉妃【二】，别來幾度見春歸。相逢京洛渾依舊，只是緇塵染素衣。』世以簡齋詩爲新體，豈此類乎？」客曰：「然。」予曰：「此東坡句法也。坡《梅花絶句》云：『月地雲堦漫一樽，玉奴終不負東昏。臨春、結綺荒荆棘，誰信幽香是返魂。』簡齋亦善奪胎耳。簡齋又有《蠟梅》詩曰：『奕奕金仙面，排行立晚晴【三】。殷勤夜來雪，少住作珠纓。』亦此法也。」

畢狀元贈子山詩

【二】潔白江南萬玉妃　「潔白」二字，四庫本《簡齋集》及叢書本作「粲粲」。

【三】排行立晚晴　「晚」，四庫本《簡齋集》作「曉」。

畢狀元漸使福建日，嘗按部過羅源。時南華翁林子山致仕居南華洞，年已八十餘，以詩迓之，有「當年春榜首傳名【四】，對御如君有幾人」之句。畢公和贈之，多所獎借，其詩曰：「兒童聞説子山名，將謂先生是古人。海上偶經仙洞府，岩前猶見玉精神。南華久徹逍遥夢，兜率重來自在身。攜得新詩天上去，不教辜負到全閩。」人言畢狀元眉目如畫，詩詞亦自清拔。予兒時見人多誦此詩，至今父老猶能誦之，真佳句也。今《青瑣集》中，多載當時諸公贈子山詩，而獨無此篇。故記於此以補《青瑣》之闕。

林子山詩

林子山詩，亦多佳句。其自敍：「過門人指朝郎宅，入室渾如野老家。」人皆許其有隱者之致。然輕薄子猶誦其《出山》詩云：「尺書中夜至，清曉即揚鞭。」人謂子山三詔不起，於是聞者莫不絶倒。

王荆公論李杜韓歐四家詩

荆公論李、杜、韓、歐四家詩，而以歐公居太白之上。曰：「李白詩語迅快，無疎脱處。然其識汙下，十句九句言婦人、酒耳。」予謂詩者，妙思逸想所寓而已。太白之神氣，當遊戲萬物之表。其於詩，特寓意焉耳，豈以婦人與酒能敗其志乎？不然，則淵明篇篇有酒，謝安石每遊山必攜妓，亦可謂之其識不高耶？歐陽公文字，寓興高遠，多喜爲風月閒適之語，蓋效太白爲之。故東坡作《歐公集序》，亦云「詩賦似李白」。此未可以優劣論

【四】當年春榜首傳名　「傳」原作「聞」，據汲古閣本改。

也。黄魯直初好作豔歌小詞，道人法秀謂其「以筆墨誨淫，於我法中，當墜泥犂之獄」，魯直自是不甚作。以魯直之言能誨淫則可，以爲其識汙下則不可。

東坡論盧仝馬異杜默詩

東坡嘗言：「作詩狂怪，至盧仝、馬異極矣；若更求奇，便作杜默。」默之歌詩，坡以爲「山東學究飲村酒，食瘴死牛肉，醉飽後所發者也」，尚足言詩乎？予聞慶曆中，京師有民自號「豁達李老」者。每好吟詠，而辭多鄙俚。故予亦戲謂：「作詩平易，至白樂天、杜荀鶴極矣；若更淺近，又是豁達李老。」

詩指物有優劣

詩中有俱指一物，而下句不同者，以類觀之，方見優劣。王右丞云：「遍插茱萸少一人。」朱放云：「學他年少插茱萸。」子美云：「好把茱萸仔細看。」此三句皆言茱萸，而杜當爲優。又如子美云：「魚吹細浪摇歌扇。」李侗云：「魚摇清影上簾櫳。」韓偓云：「池面魚吹柳絮行。」此三句皆言魚戲，而韓當爲優。又白公云：「梨花一枝春帶雨。」李賀云：「桃花亂落如紅雨。」王勃云：「朱簾暮捲西山雨。」此三句皆言雨，而王當爲優。學詩者以此求之，思過半矣。

詩有四雨句優劣

予與林邦翰論詩，及四雨字句，邦翰云：「『梨花一枝春帶雨』，句雖佳，不免有脂粉氣，不似『朱簾暮捲西山雨』，多少豪傑。」予因謂樂天句似茉莉花，王勃句似含笑花，李長吉「桃花亂落如紅雨」似薝蔔花。而王荆公以爲總不似「院落深沉杏花雨」，乃似闍提花。邦翰撫掌曰：「吾子此論，不獨詩評，乃花譜也。」

詩有格高韻勝之辨

予每論詩，以陶淵明、韓、杜諸公皆爲韻勝。一日，見林倅於徑山，夜話及此，林倅曰：「詩有格有韻，故自不同。如淵明詩，是其格高；謝靈運『池塘春草』之句，乃其韻勝也。格高似梅花，韻勝似海棠花。」予聽之，矍然若有悟。自此讀詩頓進，便覺兩眼如月，盡見古人旨趣。然恐前輩或有所未聞。

冷齋夜話誕妄

予嘗疑山谷小詞中，有《和僧惠洪西江月》一首云：「日側金盤墮影，雁回醉墨書空。君詩秀絶兩園葱，相見衲衣寒擁【五】。蟻穴夢回人世，楊花踪跡風中。莫將社燕等秋鴻，處處春山翠重。」意其非山谷作。後人見洪載于《冷齋夜話》，遂編入《山谷集》中。據《夜話》載洪與山谷往返語話甚詳，而集中不應不見。此詞亦不類山谷辭，真贋作也。後讀曾公所編《皇宋百家詩選》，乃云惠洪多誕，《夜話》中數事皆妄。洪嘗詐學山谷作《贈洪詩》云：「韻勝不減秦少游，氣爽絶類徐師川。」師川見其體制絶似山谷，喜曰：「此真舅氏詩也。」遂增置《豫章集》中。然予觀此詩全篇，亦不似山谷體製，以此益知其妄。

【五】相見衲衣寒擁　「寒」，汲古閣本作「閒」。

僧病可瘦權詩太清

予嘗與僧惠空論今之詩僧，如病可、瘦權輩，要皆能詩，然嘗病其太清。予因誦東坡《陸道士墓誌》，坡嘗語陸云：「子神清而骨寒。其清足以仙，其寒亦足以死。」此語雖似相法，其實與文字同一關捩。蓋文字固不可犯俗，而亦不可太清。如人太清則近寒，要非富貴氣象。此固文字所忌也。今觀二僧詩，正所謂「其清足以仙，其寒亦足以死」者也。空云：「吾往在豫章，從李商老遊。一日，亦論至可師處，商老曰：『可詩句句是廬山景物，試拈却廬山，不知當道何等語。』亦以爲有太清之病。」予笑謂空曰：「商老此論，毋乃暗合孫、吴耶？」

謝庭詠雪詩

「撒鹽空中」，此米雪也；「柳絮因風起」，此鵝毛雪也。然當時但以道韞之語爲工。予謂《詩》云：「相彼雨雪，先集維霰。」「霰」即今所謂米雪耳。乃知謝氏二句，當各有所謂，固未可優劣論也。東坡遂有「柳絮才高不道鹽」之句，此是且圖對偶親切耶！

卷九

詩文類

文中有詩詩中有文

「韓以文爲詩，杜以詩爲文」，世傳以爲戲。然文中要自有詩，詩中要自有文，亦相生法也。文中有詩，則句語精確；詩中有文，則詞調流暢。謝玄暉曰：「好詩圓美流暢如彈丸。」此所謂詩中有文也。唐子西曰：「古人雖不用偶儷，而散句之中，暗有聲調，步驟馳騁，亦有節奏。」此所謂文中有詩也。前代作者皆知此法，吾所謂無出韓、杜。觀子美到夔州以後詩，簡易純熟，無斧鑿痕，信是如彈丸矣。退之之《畫記》，觀其鋪張收放，字字不虛，但不肯入韻耳。或者謂其殆似甲乙帳，非也。以此知杜詩、韓文闕一不可。世之議者，遂謂子美無韻語不堪讀；而以退之之詩，但爲押韻文者。是果足爲韓、杜病乎？文中有詩，詩中有文，當有知者領予此語。

韓文杜詩用字有來處

文人自是好相採取。韓文、杜詩，號不蹈襲者，然無一字無來處。乃知世間所有好句，古人皆已道之，能者時復暗合孫、吴耳。大抵文字中，自立語最難。用古人語，又難於不露筋骨。此除是具倒用大司農印手段始得。

李杜韓柳有優劣

唐世詩稱李、杜，文章稱韓、柳。今杜詩語及太白處，無慮十數篇。而太白未嘗有與杜子美詩，只有「飯顆」一篇，意頗輕甚。論者謂以此可知子美傾倒太白至矣。晏元獻公嘗言，韓退之扶導聖教，剗除異端，是其所長。若其祖述墳典，憲章騷雅，上傳三古，下籠百氏，横行闊視於綴述之場者，子厚一人而已。然學者至今，但雷同稱述。其實李、杜、韓、柳，豈無優劣？達者觀之自可默喻。

孫樵文白樂天黄魯直詩

黄魯直詩本規模老杜，至今遂别立宗派，所謂當仁不讓也。若乃學退之而不至者，爲孫樵。學淵明而不至者，爲白樂天。則又所謂減師半德也。

陳后山學文於南豐學詩於山谷

陳后山學文於曾子固，學詩於黄魯直。嘗有詩云：「向來一瓣香，敬爲曾南豐。」然此香獨不爲魯直，何也？

歐公變文格而不能變詩格

歐陽公詩，猶有國初、唐人風氣。公能變國朝文格，而不能變詩格。及荆公、蘇、黄輩出，然後詩格極於高古。

詩詞類

唐末詩體卑陋小詞奇絶

唐末詩體卑陋，而小詞最爲奇絶。今人盡力追之，有不能及者。予故嘗以唐《花間集》當爲長短句之宗。

詩四六類

以文體爲詩四六

以文體爲詩，自退之始。以文體爲四六，自歐陽公始。

詞曲類

蘇東坡木蘭花小詞

東坡集中有《減字木蘭花》詞云：「鄭莊好客，容我樽前時墮幘。落筆生風，籍甚聲名獨我公。高山白早，瑩雪肌膚那解老。從此南徐，良夜清風月滿湖。」人多不曉其意。或云：「坡昔寓京口，官妓鄭容、高瑩二人嘗侍宴，坡喜之。二妓間請於坡，欲爲脱籍，坡許之而終不爲言。」及臨别，二妓復之船所懇之，坡曰：「爾但持我此詞以往，太守一見，便知其意。」蓋是「鄭容落籍，高瑩從良」八字也。此老真爾狡獪耶。

王元澤小詞

世傳王元澤一生不作小詞，或者笑之。元澤遂作《倦尋芳慢》一首，時服其工。其詞曰：「露晞向曉，簾幙風輕，小院閑晝翠逕。鶯來鶯下，亂紅鋪繡。倚危牆，望高榭，海棠經雨胭脂透。算韶華，又因循過了清明候。倦遊宴，風光滿目，好景良辰，誰共攜手？恨被榆錢買斷，兩眉長皺。憶高陽人散後，落花流水人依舊。這情懷，對東風，盡成消瘦。」此詞甚佳，今人多能誦之，然元澤自此亦不復作。

書畫類

畫工善體詩人之意

唐人詩有「嫩緑枝頭紅一點，動人春色不須多」之句，聞舊時嘗以此試畫工，衆工競於花卉上粧點春色，皆不中選。惟一人於危亭縹緲，緑楊隱映之處，畫一美婦人凭欄而立，衆工遂服。此可謂善體詩人之意矣。唐明皇嘗賞千葉蓮花，因指妃子，謂左右曰：「何如此解語花也？」而當時語云：「上宫春色，四時在目。」蓋此意也。然彼世俗畫工者，乃亦解此耶？

顧愷之張長史書畫

顧愷之善畫，而人以爲癡；張長史工書，而人以爲顛。予謂此乃二人之所以精於書畫者也。莊子曰：「用志不分，乃凝於神。」

王右軍蘇東坡字

王右軍書本學衛夫人，其後遂妙天下，所謂風斯在下也。東坡字本出顏魯公，其後遂自名家，所謂青出於藍也。

歐陽永叔蔡君謨論硯書皆不同

歐陽公論硯，以端石出端溪，色理瑩潤，以紫石爲上；歙石出龍尾溪，堅勁多發墨，其石理微麄，以手摩之，索索有鋒鋩者，尤好也。而蔡君謨乃曰：「端石瑩潤，惟有鋒鋩者尤佳，極發墨；歙石多鋩，惟膩理特佳。」蓋物之奇者，必異其類也。二公議論如此。然予觀二公論書，亦自不同，不獨論硯也。歐公愛柳公權書《高重碑》，謂傳模者，能不失真，而鋒鋩皆在。至於《陰符經序》，則君謨以爲柳書之最精者，尤善藏筆鋒也。二說正相反，以此言之，況夫文章豈有定論耶？

前代牌額先掛後書碑石先立後刻

前世牌額，必先掛而後書，碑石必先立而後刻。魏凌雲臺至高，韋誕書榜，即日皓首，此先掛之驗也。今則先書而後掛。唐吐突承璀欲立石紀功德，李絳上言請罷之。帝悟，命百牛倒石，此先立之驗也。今則先刻而後立。

讖類

讖緯害經

《五經正義》多引讖緯，反害正經，皆可删，歐陽公昔嘗有劄子論其事。今《三國志註》多引神怪小説，無補正史處，亦可删。

東坡詩讖

東坡《遊金山寺》詩云：「我家江水初發源，宦遊直送江入海。」《松醪賦》亦云：「遂從此而入海，渺翻天之雲濤。」人以坡此語爲晚年南遷之讖。坡又嘗贈潘谷詩云：「一朝入海尋李白，空看人間畫墨仙。」潘後數年，果因醉赴于井中，趺坐而死，人皆異之。坡固不獨自讖，且又讖殺潘谷耶？

漢光武唐武宗信圖讖受籙

光武却祥瑞不信，而信圖讖；武宗除去浮屠，而躬受道家之籙。此與招一放一何異？

卷十

聖賢類

伯夷伊尹柳下惠孔子

孟子所序三聖，世多泥於文而不知其意。王荊公曰：「伊尹之後，士多進而寡退，故伯夷出而矯之。伯夷之後，士多退而寡進，故柳下惠出而矯之。三人者，皆因時之偏而救之，非天下之中道也，故不免有弊。至孔子之時，三聖之弊極於天下矣。故孔子出，而後聖人之道大全，而無一偏之患。」蘇子由獨以爲不然，曰：「孔子嘗言此三人矣，或謂之仁人，或謂之賢人，未聞以聖人許之者。其敍逸民，則曰：『我則異於是，無可無不可。』夫人而不能無可無不可，尚足以爲聖人乎？且三代之風，今世不得見矣。春秋之世，士方以功利爲急，孰謂其多退而寡進，而有伯夷之弊？此皆妄意聖人耳。」予謂此說足以正荆公之失，而未盡孟子之意。孟子曰：「伯夷，聖之清者也；伊尹，聖之任者也；柳下惠，聖之和者也。」此假義設辭也。蓋孟子謂任與清與和，此三者，士君子爲行之大槩也。士君子之行，苟未能至於聖人，則必有所偏，偏則此三者必居其一矣。夫以天下庸庸之人多，同乎流俗而不能自立也。士君子於此三者，苟得其一，則亦可以自見於世，故假此三人者以顯其義。然而不免有所偏，非全德也。故復假孔子以終其説，曰：「孔子，聖之時者也。」以爲士君子必如孔子，然後謂之全德。否則獨行一介之士而已。此孟子願學之意也，又安有矯弊之説？彼孟子又豈以三子爲足與孔子並而稱聖乎？予故曰：「此孟子假義設辭，明矣。」

伯夷柳下惠孟子文中子

孟子嘗以伯夷、柳下惠爲聖人，王荆公復以孟子爲聖人。雖要推尊孟子，然不必如此立論也。予觀文中子設教自比孔子，而李翺至以其書比之太公家教，則又似貶抑太過。要之皆非至論也。

孔顔孟之辯

孔子所言，説自己之事；孟子所言，説聖人之事，此孔、孟之辯。顔子氣厚，孟子氣雄，此顔、孟之辯。

孔子曾子之説

孔子曰：「吾十有五而志於學，三十而立，四十而不惑，五十而知天命，六十而耳順，七十而從心所欲不踰矩。」此孔子未死前自作行狀也。曾子曰：「君子所貴乎道者三：動容貌，斯遠暴慢矣；正顔色，斯近信矣；出辭氣，斯遠鄙倍矣。籩豆之事，則有司存。」此曾子臨終時自説傳法偈也。

孟子賈生之説不及孔子

父雖不父，子不可以不子。君雖不君，臣不可以不臣。而孟子曰：「君之視臣如手足，則臣視君如腹心；君之視臣如犬馬，則臣視君如國人；君之視臣如土芥，則臣視君如寇讐。」不如賈誼曰：「主上遇其臣如犬馬，彼將犬馬自爲也；如遇官徒，彼將官徒自爲也。」然誼猶有未盡者，不如孔子曰：「君使臣以禮，臣事君以忠。」不然，則曰：「大臣以道事君，不可則止。」不然，則曰：「邦有道則仕，邦無道則可卷而懷之。」何至以犬馬、官徒自爲乎？

異端類

楊墨許行西晉餘習

楊、墨之道，昉於師商；許行之學，兆於樊遲；西晉之餘習，基於原壤。

儒釋類

儒釋迭爲盛衰

世傳王荆公嘗問張文定公曰：「孔子去世百年，生孟子亞聖，後絶無人，何也？」文定公曰：「豈無？又有過孔子上者。」公曰：「誰？」文定曰：「江西馬大師，汾陽無業禪師，雪峰巖頭，丹霞雲門是也。」公暫聞，意不甚解，乃問曰：「何謂也？」文定曰：「儒門淡薄，收拾不住，皆歸釋氏耳。」荆公欣然歎服。其後説與張天覺，天覺撫几歎賞曰：「達人之論也。」遂記案間。予謂馬大師等在孔子上下，今不必論，然自馬大師之後，釋門又復淡薄，收拾不住，絶無一人，何也？豈其復生吾儒中乎？近世歐陽文忠公、司馬温公、范蜀公，皆不喜佛，然其聰明之所照了，德行之所成就，真儒法也，豈復在馬大師下乎？吾以是知儒釋二者，殆迭爲盛衰，不知歐公後數十年當復生釋氏中，未可知也。方當吾儒生聖賢之時，要不可使邪説詭服者，得以自肆可也。雖然，吾豈與今世脱空謾語者較其上下耶？惜荆公不聞此語。

老氏類

唐武宗李德裕深信道家之説

李德裕云：「嘗於便殿，對武宗言及方士，上曰：『宫中無事，以此遣悶耳。』」予切疑非武宗之言。按《唐紀》，會昌五年正月，作仙臺於南郊。六月，作望仙樓於神策軍。至八月，遂大毁僧寺，復僧尼爲民。顧其行事如此，豈但遣悶而已？會昌之政，德裕内之，其深信道家之説，恐非但武宗之意。予讀《會昌投龍文》，見武宗自稱承道繼玄昭明三光弟子、南岳炎上真人。而德裕《茅山三像記》則自號上清玄都大闕三景弟子，蓋其君臣相傚所爲如此。於是知「解悶」之語，實一時飾説耳。德裕誠恐天下後世議己，故以此歸咎於其君耳。不然，則德裕於此，不容無説。德裕誠有意於諫，何不以憲宗之事告之？憲宗時，李絳等嘗盛夏廷對，帝汗浹衣，絳等欲退。帝曰：「宮中所對，惟宦官女子，欲與卿等講天下事，乃其樂也。」武宗解悶，得無有與講天下事以爲樂者乎？吾故以爲德裕實托此語以歸咎於其君者。不然，則德裕亦可謂不善補闕者矣。

佛氏類

學佛者不知孔子

予讀《僧寶傳》，見南昌潘延之嘗與英邵武同遊西山，夜宿雙嶺。因語英曰：「龍潭見天皇時節宜合孔子。」英曰：「子何以驗之？」曰：「聞龍潭在天皇座下，日久未蒙發藥。一日，啟曰：『弟子服膺師，問非不盡心，卒未聞一言之賜，願丐慈悲。』天皇曰：『十二時中，何嘗不告汝？汝擎茶來，我爲汝接；汝行食來，並爲汝受【一】；汝問訊，我舉手，負汝何事。』潭於言下有契？孔子曰：『二三子以我爲隱乎？吾無隱乎爾！吾無行而不與二三子者，是丘也。』豈不然哉？」英曰：「楚人以山鷄爲鳳凰，人以爲笑。不意吾子此論似之。」潘遂休去。予謂學佛者，知佛而不知孔子，其以孔子爲山鷄，佛爲鳳凰，

【一】並爲汝受　「受」原作「愛」，據汲古閣本改。

固無足怪。復讀《萬善同歸論》，見壽禪師云：「孔子、老子，皆是菩薩化身。孔子乃儒童菩薩，老子乃迦葉菩薩。」忽念英師所言，不覺失笑。因戲語學佛者曰：「奈何反令爾鳳化爲山鷄乎？」其人無以應。

佛家悟入

學道之士，未聞有自儒書入者。或者以爲此治世語言，非入道谿徑。彼宗門建立，要須一句中具三玄，一玄中具三要。乃能啟悟學者，作將來耳目。予以爲不然。世尊在日，有比丘鈍根，無多聞性。佛令誦「苕帚」二字，旦夕誦之。言苕則已忘帚，言帚則又忘苕。每自尅責，繫念不休。忽一日能言曰苕帚，於此大悟，得無礙辨才。使學者用心，能如誦苕帚，則雖笑桃擊竹，豬肉滿案，猶可以悟，而況治世語言乎？

讀楞嚴經語

子在川上曰：「逝者如斯夫，不舍晝夜。」此意甚妙。惜夫當時弟子無能發問者，故未盡夫子之意。予讀《楞嚴經》，波斯匿王問佛言：「我昔未承諸佛誨敕。見迦旃延毗羅胝子，咸言此身死後斷滅，名爲涅槃。我雖值佛，今猶狐疑。云何發揮，證知此心不生滅地？」佛告大王：「汝此肉身，爲同金剛，常住不朽，爲復變壞。」「世尊，我今此身，終從變滅。我觀現前，念念遷謝，新新不住，如火成灰，漸漸消殞。決知此身，當從滅盡。」佛言：「汝今生齡已從衰老，顏貌何如童子之時？」「世尊，我昔孩孺，膚腠潤澤。年至長成，血氣充滿。而今頹齡，迫於衰耄，形色枯悴，精神昏昧，髮白面皺，殆將不久。如何見比充盛之時？」佛言：「大王，汝之形容，應不頓朽。」王言：「世尊，變化密移，我誠不覺。寒暑遷流，漸至於此。何以故？我年二十，雖號年少，顏貌已老。初十歲時，三十之年，又衰二十。于今六十又過于二。觀五十時，宛然强壯。世尊，我見密移，雖此殂落，其間變易【二】，且限十年。若復令我微細思惟，其變寧惟一紀二紀，實惟年變。豈惟年變？亦兼月化。何直月化？兼又日遷。沈思諦觀，刹那刹那，念念之間，不得停住。故知我身終從變滅。」佛告大王：「汝見變滅，遷改不停，悟知汝滅；亦於滅時，知汝身中有不滅耶？」波斯匿王合掌白佛：「我實不知。」佛言：「我今示汝不生滅性。大王，汝年幾時見恒河水？」王言：「我生三歲，慈母攜我謁耆婆天。經過此流，爾時即知是恒河水。」佛言：「大王，如汝所說，二十之時衰於十歲，乃知六十。日月歲時，念念遷變。則汝三歲見此河時，至年十三，其水云何？」王言：「如三歲時，宛然無異。乃至于今，年六十二，亦無有異。」佛言：「汝今自傷髮白面皺，其面必定皺於童年。則汝今時觀此恒河，與昔童時觀河之見，有童耄不？」王言：「不也，世尊。」佛言：「大王，汝面雖皺，而此見精性未嘗皺。皺者爲變，不皺非變。變者受滅，彼不變者元無生滅。云何於中受汝生死，而猶引彼末伽梨等都言，此身死後全滅。」王聞此言，信知身後，捨生趣生，得未曾有。予以此語，足盡夫子之意【三】。蓋孔子説前段，佛説後段，合是二説，其意乃全。

【二】其間變易　「變」，原作「流」，據汲古閣本改。

【三】足盡夫子之意　「盡」字原無，據叢書本補。

校勘記

卷十一

佛氏類

楊次公佛印語

楊次公道號無爲子。一日，見金山佛印禪師。佛印問其説，次公曰：「我生無爲軍，故自稱無爲子。」佛印曰：「公若生廬州，則自稱廬子乎？」廬、驢同音，佛印滑稽如此。近了和尚有弟子，自言因看庭前柏樹子話頭有省，遂自號柏樹徑。山杲聞之笑曰：「使其因悟乾屎橛語，亦自號乾屎橛耶？」此尤可笑。

李翺學佛

李翺親從韓退之遊，而學佛自若也。今之讀韓文者，則皆闢佛老。然公自言籍、湜輩屢叛其教，而獨不及翺，此又何也？

李翺問藥山語

唐人李翺問藥山如何是道，藥山以手指上下。翺不會，山云：「雲在天，水在瓶。」予始讀此而悟《中庸》「鳶飛戾天，魚躍于淵」，言其上下察之文。

韓文公參大巔

韓文公在潮州，與僧大巔往還。今集中有《與大巔書》三首，世以爲非是。予讀《宗門統要》，初，憲宗迎佛舍利入大内供養，夜放光明。早朝宣示，羣臣皆賀：「陛下聖德所感。」惟文公不賀。上問：「羣臣皆賀，惟卿不賀，何也？」文公奏：「微臣嘗看佛書，見佛光非青黄赤白等相，此是神龍護衛之光。」上問公如何是佛光，文公無對，因以罪謫出。至潮州，遇大巔，公問和尚春秋多少。巔乃提起數珠，示之云：「會麽？」公云：「不會。」巔云：「晝夜一百八。」文公歸宅，怏怏而已。夫人問：「侍郎情思不懌，復有何事？」公遂舉前話。夫人云：「何不進問『晝夜一百八』，意旨如何？」公明日凌晨遂去。纔到門首，乃遇首座云：「侍郎入寺，何早？」公云：「特去堂頭通話。」座云：「堂頭有何言句開示？」侍郎公舉前話。座云：「侍郎怎生會？」公云：「晝夜一百八，意旨何如？」座乃叩齒三聲。公至堂頭，復進前話：「晝夜一百八，意旨如何？」巔亦叩齒三聲。公云：「信知佛法一般。」巔云：「見甚道理，乃云一般？」公云：「適來門首，接見首座，亦復如此。」巔遂唤首座，適來祇對侍郎佛法是否。座云：「是。」巔遂打首座，趕出院。文公一日復白大巔曰：「弟子軍州事多，佛法省要處，乞師一句。」巔良久，文公未會。時三平爲侍者，乃敲禪牀三聲。巔云：「作麽？」平云：「先以定動，然後智拔。」公乃禮謝三平云：「和尚門風高峻，弟子於侍者邊得箇入處。」觀與大巔往還，事迹如此。今史傳但載公論佛骨，而不知其始對佛光已自不合上意，其實未知佛法大義。既見巔師，遂有入處。而世復以公《答孟簡書》爲疑。以公與大巔遊，是與文暢意義等無異，非信其道也？予謂巔古尊宿，非二師比。況聞文公論佛骨來，使文公不見則已，見之必有以啓悟公者。今觀大巔與首座、侍者三人互相引發，皆迥絶言議之表。所謂爲上根者説大乘法，因果報應、文字語言固不論也。今世所傳《韓退之別傳》乃一切掎摭《昌黎集》中文義長短以爲問答，如市俚稽較然。彼欲以伸大巔之辨而抑文公，不知公於大巔所以相與開示悟入蓋如此。予欲學者盡見文公始末，故備録於此。雖然，《答孟簡書》公應不妄作，必有能辨之者。

黄山谷五觀

山谷嘗約釋氏法，作士大夫食時五觀，此亦古人「一飯不忘君，終食不違仁」之意。近時士大夫乃多効浮屠家，以鉢盂而食，食時謂之展鉢，無乃好奇之過。

天堂地獄

傅奕與蕭瑀論佛。瑀曰：「地獄正爲是人設耳。」張唐卿著《唐史發潛》，遂曰：「蒼天之上，何人見其有堂？黄泉之下，何人見其有獄？」然予觀《國史補》，李丹云：「天堂無則已，有則賢人生；地獄無則已，有則小人入。」如此則又何必較其有無耶？

佛老類

韓退之闢佛老

退之《原道》闢佛老，欲人其人、火其書、廬其居。於是儒者咸宗其語。及歐陽公作《本論》，謂莫若修其本以勝之，又何必人其人、火其書、廬其居也哉！此論一出，而《原道》之語幾廢。予觀魯直所云：「毘盧遮那，宫殿樓閣。充遍十方，普入三世。於諸境界，無所分别。彼又安能廬吾居？有大經卷量等三千大千世界藏在一微塵中，彼又安能火吾書？無我無人，無佛無衆生，彼又安能人吾人耶？」然儒者猶云：「我不讀佛書，安用如此語？」達者笑之。予聞釋氏之論曰：「欲破彼宗，先善彼宗。」故佛在世日，西域有三十六種外道，每種各以其藝咸來難佛。佛固晏然不動聲色，即以彼藝還與之較，皆出其上。於是外道藝窮，乃始歸佛。如《寶雲經》所説，菩薩善解回轉外道方便。菩薩於外道中化作士、梵志、尼犍就學經法。精進勇猛，細密威儀，勝彼外道，反則他師。可尊可重，知其信己，方貶其道，示其過失，仁者。汝所學道，非爲清淨，非爲離欲，不能滅障。從其邪道，而回轉以佛正法而安立之。蓋菩薩善解回轉外道方便如此。今之與佛老辨者，皆未嘗涉其流者也。乃欲以一己之見，破二世之宗。譬如與人訟，初不知置詞曲直所在，而曰：「吾理勝。」其誰肯信之。是不亦可笑乎？

神仙類

王烈遇石髓

晉人虛無，類多欺誕。予觀王烈入山，得石髓，懷以餉嵇叔夜。夜視之【一】，則已爲石矣。然《抱朴子》云：「石中黄子，所在有之，近水之山尤多。在大石中，其石嘗温潤不燥，打石見之，赤黄溶溶，如鷄子之在殼者。便飲之，不爾，便堅凝成石也。」據此，與王烈所謂石髓何異？恐所得者只是此耳。按《仙經》，神山五百年一開，石髓出，飲之者壽與天地齊。故東坡因謂康，使當時杵碎或楷磨食之，豈不賢於雲母鍾乳輩？然神仙要有定分，不可力求也。晉人固好奇無實，而坡復以《仙經》爲信，無乃一徑庭耶？出沈存中筆談

韓退之服硫黄

韓退之譏服食必死而自餌硫黄，親見大巔而後作《答孟簡書》，似是無特操者。或者戲曰：「退之但以立教而已，可盡信乎？」此又可笑。

學校類

崇觀太學三舍之弊

崇觀三舍，一用王氏之學。及其弊也，文字語言習尚浮虛，千人一律。嘗見人説，當

【一】夜視之　「夜」字原無，據涵芬樓本校記補。

時京師優人有致語云:「伏惟體天法道皇帝,趨時立本相公,惟其所以秀才,和同天人之際而使之無間者,樂人也。」于時觀者莫不絶倒,蓋數語皆當時之弊也。

太學生陳東歐陽澈黄作詹淵

予聞靖康初,金人犯闕。太學陳東伏闕上書,乞斬四凶六賊,乞用李綱。頃刻間,不期而會者數萬人。其後汪伯彦爲相,惡之。東與歐陽澈皆死。論者謂陳東、歐陽澈詐仙得仙,可一笑也。自秦太師死,朝廷擢用湯鵬舉中丞,沈該左相。又起周舍人葵,於冗散除禮部侍郎兼國子祭酒,士子翕然歸重,又兼權給事中。因有所封駮,湯中丞不喜,遂言罷之。是歲,紹興二十六年三月也。於是太學生黄作等三百餘人叩都堂,乞留周祭酒,宰相又惡之。黄作與詹淵並送五百里編管,黄作台州,詹淵池州。論者又謂:「昔伊尹負鼎于湯,得爲商相,而和逢堯負鼎于武后,遂流莊州。唐太學生王魯卿、李儻等二百七十詣闕留司業陽城,柳子厚貽書贊美。今黄作、詹淵乞留周祭酒而得編管,則又求死不得死也。」於是聞者爲之絶倒。

用人類

堯試鯀爲舜設

堯之試鯀,爲舜設也。按《堯典》言,鯀「方命圮族」。而《楚辭》亦云:「鯀悻直以亡身。」則其爲人必剛愎好勝者也。堯將以天下而與之側微之人，知鯀之剛愎好勝，必有異議。於是舉而試之，俟其久而無功，自當退聽。此堯之意也。夫鯀以九年之久，績用弗成。而舜之試也，三載乃底可績。蓋不如是，則不足以服其心。或謂當時在廷之臣，未有及鯀者。堯方以洪水爲急，故不得已而試之。使果堯以洪水爲急，豈得俟九年而不問乎？

設官類

國朝始置通判

國朝始置通判，謂之監州，往往與知州爭權。錢昆少卿，家世餘杭。杭人嗜蟹，嘗求外補。或問欲何郡，昆曰：「但得有螃蟹無通判處可矣。」聞者以爲笑。予按《大唐傳》載元和中，郎吏數人省中飲酒。因話平生愛尚及憎怕者，工部員外郎周愿獨曰：「愛宣州觀察使，怕大蟲。」此事殆是一對。

立法類

王荆公新法新經見第一卷

王荆公免役法

荆公免役法，是分兵民之意也，至今利之。元祐用事之臣，一旦盡廢新法，而獨於役法數年而不能定。彼欲盡改荆公所行，非於此獨有惜也，豈亦知其利而强爲是紛紛耶？大抵先王之法，如封建、井田、肉刑、民兵非不善也，但法一壞之後，便不可復。是亦有後世難行者耳。周禮至穆王時，已自不行，今《吕刑》之書可見已。唐太宗府衞法，至德宗時，與李泌議復之，亦不能也，而況後世乎？然迂儒泥古者，至今猶時時論民兵，設差役，不亦謬乎？予以爲今之用事者，倘以生民爲念，當併罷保正副，而專用耆壯，方盡免役之利。

校勘記

卷十二

人才類

人才有長短

后山居士言：「蘇明允不能詩，歐陽永叔不能賦，曾子固短於韻語，黄魯直短於散語，子瞻詞如詩，少游詩如詞。」此論得今人之短。宋尚書云：「老子《道德經》爲至言之宗，屈平《離騷》經爲詞賦之宗，司馬遷《史記》爲紀傳之宗。左丘明工言人事，莊周工言天地。」此論得古人之長。雖然，要不可偏废。論人者無以短而棄長，亦無以長而護短，自論則當於長處出奇、短處致功。或問霍王所長於處士劉元平，答曰：「無長。」聞者不解。元平曰：「人有短而後見長。若王無所不備，何以稱之？」此語誠是，然此等人難得。

西門豹宋均優劣

西門豹爲鄴令，投巫嫗弟子、三老於河，而吏民不敢復爲河伯娶婦。宋均爲九江太守，下書令民爲唐、后二山娶百姓男女，爲公嫗者皆娶巫家女。於是遂絶。此二人者，皆一時詭以濟事。雖若俳諧，而實中其病，故其事遂止。竊謂豹投巫嫗、三老，不若均之下書，不動聲色而自然禁止，均之術當優於豹也。然予觀陳子車死於衛，其妻與其家大夫謀以殉葬，定而後陳子亢至，以告曰：「夫子之疾，莫養於下，請以殉葬。」子亢曰：「以殉葬，非古也。雖然，則彼疾當養者，孰若妻與宰？得已則吾欲已；不得已則吾欲以二子者之爲之也。」於是弗果用。此事與均令娶巫家女事同。豈均暗合孫、吴耶？抑亦盜其故智餘論乎？予又觀唐玄宗開元六年，河南參軍鄭銑、朱陽縣丞郭仙舟投匭獻詩，敕曰：「觀其文理，乃崇道法。至於時事，不切事情。」罷官，度爲道士。而蕭瑀好奉佛，太宗亦令出家。孔武仲曰：「如使佞佛者爲僧，諂道者爲道士，則士大夫爲異端者息矣。」此亦投巫嫗等之遺意。

王沂公李順之優劣

艾慎幾嘗爲予言，咸平中，王沂公狀元及第日，嘗於佛寺供僧一年，人以爲難。近逮建炎初，李順之廷對第一，以當離亂之後，亦於揚州僧寺特施錢二緡，轉大輪藏，欲爲陣亡戰士追福。由是聞者笑之，謂其所欲者奢也。予謂李公平生滑稽玩侮，無所不至，乃欲以二千錢爲陣亡追福，便可想見其爲人。然王、李優劣於是可見。

人事類

竇灌田蚡駡坐

讀竇、灌、田蚡傳，想其使酒駡坐口語，歷歷如在目前。便是靈山一會，儼然未散。

鍾會鍛王徽之觀竹

吾嘗語吾兄子丞，昔嵇康與向秀共鍛於大樹下，鍾會往造焉。康不爲理，而鍛不輟。良久，會去。康曰：「何所聞而來，何所見而去？」又，王徽之聞吴中士大夫家有竹，欲往觀之。便出坐輿，造竹下，諷笑良久。主人洒掃請坐，徽之不顧。將出，主人乃閉門，徽之便以此賞之，盡歡而去。此兩人者便是會禪矣。子丞喜談禪，故以此戲之。子丞徐曰：「原壤夷俟，孔子以杖叩其脛，此杖豈非是德山棒乎？」予遂把一界云：「是孔子杖，是德山棒。」

東坡行脚僧

東坡嘗言：「見今正是行脚僧，但喫些酒肉耳。」予謂坡不獨是行脚僧，乃苦行僧也。坡蓋自謫黄州後，便見學道工夫。晚年筆墨，挾海上風濤之氣，益窮益工。此則苦行僧又不及也【一】。

徐邈中聖人

【一】此則苦行僧又不及也　「及」原作「是」，據叢書本改。

魏武帝方禁酒，而徐邈私飲，至於沉醉。從事趙逢問以曹事，邈曰：「中聖人。」逢白之武帝，帝怒。將軍鮮于輔進曰：「平日酒客謂清者爲聖人，濁者爲賢人。邈性脩慎，偶醉言耳。」邈遂得免。郭璋「截君角」，徐邈「中聖人」，可并案也。

山谷言士大夫不可俗

山谷嘗言：「士大夫處世，可以百爲，惟不可俗。俗便不可醫也。」或問不俗之狀，曰：「難言也。平居無以異於俗人，臨大節而不可奪，此不俗人也；平居終日如含瓦石，臨事一籌不畫，此俗人也。雖使郭林宗、山巨源復生，不易吾言也。」予謂山谷言固佳，要未盡俗人之狀。何謂俗人之狀？曰：平日無佳論，而臨事好造作，此俗人也；平居妄自尊大，而臨事不知體，此俗人也。雖使山谷復生，亦不易吾言也。

事機類

漢楚得失之機

漢高帝嘗與諸將論漢所以得天下，與項羽所以失天下。自謂能用三傑，而項羽不能用范增，故得失異。以予考之，亦在得機失機之間而已。漢之初王南鄭也，因思歸之士，聽韓信計，決策東向，此一機也。及割鴻溝，漢王欲西歸，聽良、平諫，因楚兵罷食盡而取之，此二機也。惟此二機不失，所以得天下。彼項王不入關而北救趙，初失一機，故漢得以入秦。及項王聞漢已并關中，大怒，信張良遺書，以故無西意而北擊齊，又失一機，故漢得以入彭城。自此與漢相持滎陽、成皋、廣武間。勝負雖足相當，而漢終斃項羽垓下，蓋其得失之機已判久矣。就使項王能用范增，亦不過勸羽殺漢王而已，何益於勝負之計乎？

功過類

柳子厚功過

予讀柳子厚《伊尹五就桀贊》，未嘗不憐其志也。伾、叔文雖小人，而子厚欲因以行道，故以就桀自比，此其本心也。然學者至今罪之。按《順宗實録》，帝自初即位，則疾患不能言，天下事皆專斷於叔文。而李忠言、王伾爲之内主，韋執誼行之於外。又云：「伾主往來傳授，劉禹錫、陳諫、韓曅、韓泰、柳宗元、房啟、凌準等主謀議唱和，採聽外事，此其朋黨之跡也。其專權竊柄，誠爲可罪。」然予觀順宗即位未幾而首貶李實，次罷宮市，次禁毋令寺觀選買乳母，次禁五坊小兒張捕鳥雀、横暴閭里，次停鹽鐵使進獻，次出後宮三百人，次用姜公輔、蘇弁爲判史，追陸贄、鄭餘慶、韓皐、陽城赴京師，次出後宮并教坊女妓六百人，次罷閩中萬安監。不數月間，行此數事，人情大悦，雖王政何以加此，豈非子厚等爲之歟？而世不之察，徒罪其朋黨，則亦見其不恕矣。《春秋》之法，不以功掩過，亦不以昔廢德。責備而言，則子厚之罪在於附小人以求進。若察其用心，則尚在可恕之域，況一時之善有不可掩者乎？蘇子由著《歷代論》，以牛僧孺與李德裕俱爲當世偉人，而馮道得爲盛德，其論甚恕。獨念子厚之賢，未有爲之湔滌者，予故表而出之，以告後世君子。

劉道原能自攻其過

予嘗愛劉道原能自攻其過，云平生二十失：佻易卞急，遇事輒發；狷介剛直，忿不思難；況古非今，不達時變；凝滯少斷，勞而無功；妄自標置，擬倫勝己；疾惡太甚，不恤怨怒；事上易簡，遇下苛察；直語自信，不遠嫌疑；執守小節，堅確不移；求備於人，不恤咎怨；多言不中節，高談無畔岸；臧否品藻，不掩人過惡；立事違衆好更革【二】，應事不揣己度德；過望無紀，交淺言深；戲謔不知止，任推不避禍；議論多譏刺；臨事無機械，行止無規矩；人不忤己而隨衆毀譽；事非憂虞而憂患太過；以君子行義責望小人。此二十失者，予亦有之。其最甚者，佻易卞急，遇事輒發；狷介剛直，忿不思難；凝滯少斷，勞而無功；疾惡太甚，不恤怨怒；直語自信，不遠嫌疑；求備於人，不恤怨咎；臧否品藻，不掩人過；交淺言深；戲謔不知止；臨事無機械，行止無規矩；人不忤己而隨衆毀譽；以君子行義責望小人。道原又云有十八蔽：言大而智小，好謀而疎闊，劇談而不辯，慎密而漏言，尚風義而齷齪，樂善而不能行，與人和而好異議，不畏强禦而無勇，不貪權利而好躁進，儉嗇而徒費，欲速而遲鈍，識暗强

【二】立事違衆好更革　「違」原作「隨」，據叢書本改。

料事，非法家而深刻，樂放縱而拘小禮，樂易而多憂，好動而惡靜，多思而處事乖忤，多疑而數爲人所欺。此十八蔽者，予亦有之。其中有可自恕者：智小而未嘗大言，疎闊而實無謀，賓客滿座而不喜談辨，與人寡合而未嘗異議，遇喜而不自樂，多難而不憂，率爾動靜而未嘗有意，以無思故處事多忤，以無疑故數爲人所欺。其最可自責者，尚風義而齷齪，不畏强禦而無勇，儉嗇而徒費，欲速而遲鈍。予每以此自攻其過，亦如道原遇事未嘗不悔。既悔復然，亦不知其所以然也。

吴處厚論相法

予又嘗愛吴處厚能論相，云心相有三十六善。夫人嘗言：意氣求官，自須如此，一也；有剛有柔，二也；慕善近君子，三也；有美食分人，四也；不近小人，五也；常行陰德事方便，六也；能治家，七也；不厭人乞覓，八也；利人克己，九也；不逐惡貪殺，十也；聞事不驚張，十一也；與人期不失信，十二也；不改行易操，十三也；夜卧不便睡著，十四也；馬上去不回頭，十五也；人不憎怒，十六也；不文過飾非，十七也；作事周匝，十八也；不忘人恩，十九也；有大量，二十也；不毁善害惡，二十一也；濟急難，二十二也；不助强欺弱，二十三也；不忘故舊，二十四也；爲事衆人用之，二十五也；不多言妄語，二十六也；得人物每生慚愧，二十七也；語有敍，二十八也；當人語次不先起，二十九也；常言善事，三十也；不嫌惡衣食，三十一也；方圓隨時，三十二也；　行善不倦，三十三也；　知人飢渴勞苦，三十四也；　不念舊惡，三十五也；　竭力救難，三十六也。三十六善全者，位極人臣，壽考令終；　不全，則福禍相半；　具二十者，刺史之位；　具十以上者，令佐之官；　具五者，亦須大富。此三十六善者，予不敢謂全有，亦不敢謂全無。有之固非難事，無之實爲累德。予故嘗以前二十失、十八蔽自攻其過，以後三十六善自飾其躬。

校勘記

卷十三

見識類

孔子登東山泰山

孔子登東山而小魯，登泰山而小天下。所登愈高，所見愈大，天下之理固是如此。雖然，孔子豈但登泰山而後知天下之小哉？此孟子所以有感於是也。東坡嘗用其意作《廬山》詩曰：「横看成嶺側成峯，遠近看山總不同。不識廬山真面目，只因身在此山中。」知此則知孔子登山之意矣。無爲楊次公嘗奉使登泰山絶頂，雞一鳴，見日出。由是而言，則世之不見日者尚多也。

周公晉惠帝語

周公作《無逸》曰：「先知稼穡之艱難，則知小人之依。」此古今天下一人也。晉惠帝問飢民曰：「何不食肉糜？」此亦古今天下一人也。

陶淵明不見督郵

陶淵明爲彭澤令，郡遣督郵至。吏白應束帶見之，淵明曰：「安能爲五斗米折腰，見鄉里小兒？」即日，解印綬去。近歐陽公方與客披襟酣飲次，忽外白有客，公遽著帽見之。坐客曰：「何不呼使入來？」公曰：「此俗人也，不可以吾輩之禮待之。」世多怪二公之賢，而用處相反如此。予謂淵明不肯束帶見鄉里小兒，所謂眼不著砂；歐公必須著帽見俗人，乃是泥亦有刺。

北人不識梅南人不識雪

北人不識梅，南人不識雪。蓋梅至北方則變而成杏。今江、湖、二浙，四五月之間，梅欲黄而雨，謂之梅雨。轉淮而北則否，亦地氣然也。語曰：「南人不識雪，向道似楊花。」然南方楊實無花，以此知北人不但不識梅，而且無梅。南人不但不識雪，則亦不識楊花矣。予聞關中人不識螯蟹。人有得一乾螯蟹者，或病，則掛之門，其病遂愈。沈存中曰：「不但人不識，鬼亦不識也。」

天下無定境亦無定見

天下無定境，亦無定見。喜怒哀樂，愛惡取捨，山河大地，皆從此心生。此心在焉，則菅蒯不可以代匱，糟糠不可以下堂，是未嘗有正色也；心不在焉，則鼓吹不及池蛙，絲竹不如山鳥，是未嘗有正聲也。舌欲甚味也，而世有飡痂之士；鼻欲甚香也，而海上有逐臭之夫。天下之事如此多矣。杜子美曰：「感時花濺淚，恨别鳥驚心」，至於《悶詩》則曰：「出門唯白水，隱几亦青山。」山水花鳥，此平時可喜之物，而子美於此恨悶中惟恐見之。蓋此心未淨，則平時可喜者，適足以與詩人才子作愁具耳。是則果有定見乎？論者多怪孟東野方嘆出門之礙，而復誇馬蹄之疾，以爲唐詩人多不聞道。此無他，心見不同耳。故釋氏之論曰：「心淨則佛土皆淨。」信矣。

權變類

周公處人臣之變

伊尹、周公處人臣之變，是人臣之不幸者也。而後世據功名之地者，必欲人以伊、周譽己【一】，是霍光之罪也。夫伊尹之于太甲，周公之于成王，非昏上幼主，不爲是也。而武帝以昭帝幼，故畫周公負成王朝諸侯以賜光。光後欲廢昌邑王，問古嘗有此否？田延年舉伊尹廢太甲事曰：「公能行此，亦漢之伊尹也。」然光，忠臣也。當廢立之際，可以無失節。其後王莽因此竊伊尹之名，以欺孤兒寡婦，遂盜漢室。曹操、司馬懿之徒，欲奪人之國者，亦皆以伊、周自處。此豈非霍光有以啟之歟？然莽輩不足道也，而光亦竟以此滅族，又何伊、周之不幸也？唐劉洎欲輔少主行伊、霍事，語未可知。而褚遂良證之，亦竟誅死，伊、周豈易爲者哉？雖然，此數人者，皆處昏上幼主之間，故得以藉口。若當聖明之代，上非昏，主非幼，而一時嘗糞舐痔之徒，皆曰是伊、周也，而居之不疑。不知其志將何所冀耶？而得全首領以没，豈非幸哉？然岐下猪肉，亦且敗矣。故凡世之言伊、周

【一】必欲人以伊周譽己　「譽」，汲古閣本作「處」。

者，吾率更之曰周、孔。庶幾爲萬世奸臣賊子之戒。

段太尉倒用司農印追賊

段太尉倒用司農印以追賊將韓旻，旻得符印，遂還。此太尉一時權以濟事也。然予在鎮江，嘗見林倅云：「今所在州縣，獄中或走失罪人，但倒用印印所追捕文書，賊可必得。」不知古人還用此法，或偶合耶？予又觀《抱朴子》曰：「古人入山皆佩黄神越章之印。行見新虎跡，以順印印之，虎即去；以逆印印之，虎即還。」此亦倒用印法也，但未知其説。

知己類

歐公收東坡東坡收秦黄

歐陽公不得不收東坡，所謂「老夫當避路，放他出一頭地」者，其實掩抑渠不得也。東坡亦不得不收秦少游、黄魯直輩。少游歌詞當在坡上，少游不遇東坡當能自立，必不在人下也。然提獎大成就，坡力爲多。

結交類

艾慎幾傾蓋交

予嘗造故人林邦翰于東坡酒庫，因與儀真艾慎幾邂逅，遂爲傾蓋之交。時乙丑三月也，予以再不利去官，而二公者亦倒獲譴于簿書，皆宜有不遇之嘆。然當此時，都人士女方幸一時之無事，日日出遊湖上。而予乃日陪二公坐酒局中清談終日，語不及榮利，視其貌，皆不足之色，其迂如此。一日，邦翰自城中歸，語予曰：「錢塘門外，真如錦繡矣。」予次日復爲艾丈言之，坐間相與嘆息。予因詠萊公句曰：「野水無人渡，孤舟盡日横。」遂不覺相視而笑。

朋黨類

牛僧孺李德裕之黨

唐人指牛僧孺、李德裕之黨，謂牛李之黨。《新唐書》乃嫁其名於李宗閔，曰：「人指爲牛、李，非盜謂何？」雖欲爲德裕諱，然非其實矣。德裕在海南，作《窮愁志》、《論周秦行記》，謂僧孺有不臣之志，且以「兩角犢子自顛狂」，爲牛氏之讖。不知「兩角犢子」自全忠姓也。德裕信賢，要與僧孺立敵，議論偏異，多如此類。悻悻之氣，至老不衰，謂非黨，得乎？

忠義類

張巡許遠劉昌守城

張巡、許遠之守睢陽也，被圍久，初殺馬食，既盡，而及婦人老弱，凡食三萬口。城破，遺民只四百而已。每讀至此，未嘗不壯其志，憐其忠義，而復爲睢陽之民嘆其無辜也。孟子曰：「君子不以其所養人者害人。」故太王去邠。孟子曰：「不仁哉，梁惠王也！」梁惠王以其所不愛及其所愛，以土地之故，糜爛其民，而戰之大敗。是二者，孟子之意，皆欲其輕土地而重民命也。巡、遠雖忠義，乃能以三萬口而博一城？城終不可守，其得爲仁乎？當時議者，已謂巡始守睢陽，衆六萬。既糧盡，不持滿按隊，出再生之路，與夫食人，寧若全人？于是張澹、李紓、董南史、張建封、樊晃、朱巨川、李翰咸謂巡蔽遮江淮，沮賊勢，天下不亡其功也。而韓愈亦云云。信如此，則雖失三萬口，而不亡天下。蓋以利易害，以功償過，可也。巡嘗出愛妾曰：「諸公經年乏食，而志義不少衰，吾恨不割己肉以啗衆。寧惜一妾而坐觀士飢？」乃殺以大饗，坐者皆泣，巡强令食之。遠亦殺僮奴以哺卒。夫巡不惜愛妾，而何有于三萬口？故至今天下無異論。然予觀杜牧稱：寧陵之圍解，劉元佐召劉昌問曰：「君以孤城，用一當十，何以能守？」昌泣曰：「昌令守陴：『內顧者斬！』昌孤甥張俊守西北，未嘗內顧，捽下斬之。士有死志，故能守。」因伏地流涕。

元佐亦泣曰：「國家將富貴汝。」而唐史臣謂不然，曰：「勒兵乘城與賊抗，所賴惟賞罰耳。無罪而斬其甥，士心皆離，不祥莫大焉。」杜牧以爲巡、遠陷睢陽而其名傳，昌全寧陵而事不得暴于世。寧牧未之思耶？予竊謂史臣誤矣。食愛妾與斬孤甥何異？不聞當時士有離心，何也？何史臣詳于劉昌而略于巡、遠乎？然則爲巡、遠計者，將全三萬口，不陷睢陽，則將奈何？曰睢陽不可全也，睢陽不可全，孰若焚積聚，與士卒老弱俱奔而遺以空城？賊雖得之，勢必不能守。賊雖南去，而吾哀合遺卒，可以復奮，則是梗其歸路也。賊不亡何待？不然，則城終不可全，而吾民先盡矣。此吾所以重爲三萬民命惜其無辜也。

姦佞類

李林甫以計陷數人

李林甫只以一計，前後陷數人，人皆不悟。李適之與林甫不協，林甫即好謂適之曰：「華山生金，采之可以富國，顧上未之知。」適之性疏，信其言。它日，從容謂帝道之，帝喜，以問林甫。對曰：「臣知之舊矣。顧華山本命王氣之會，不可以穿治，故不敢以聞。」帝以林甫爲愛己，而薄適之不親。嚴挺之徙絳州刺史。天寶初，帝顧林甫曰：「嚴挺之安在？此其才可用。」林甫退召其弟損之，與道舊，諄諄款曲，且許美官，因曰：「天子視絳州厚，要當以事自解，歸得見上，且大用。」因紿挺之使稱疾，願就醫京師。林甫已得奏，即言挺之春秋高，有疾，幸閒官得養。帝恨咤久之，乃以爲員外詹事，詔歸東郡，挺之鬱鬱成疾。帝嘗大陳樂勤政樓，既罷，兵部侍郎盧絢按轡絶道去。帝愛其藴藉，稱美之。明日，林甫召絢子曰：「尊府素望，上欲任以交廣。若憚行，且當請老。」絢懼，從之，因出爲華州刺史，絢由是廢。此三人者，皆在林甫掌股中，爲所玩弄而不知也。信姦人之雄乎？然以予觀之，使適之不貪富貴之謀、挺之不起大用之念、盧絢不憚交廣之遠，則林甫雖狡，亦安用其計？而三人者在其術中，竟以取敗，悲夫！

女子小人爲難養

孔子以女子、小人爲難養也。曰：「近之則不遜，遠之則怨。」此固中材庸主之所無可奈何者。然彼小人、女子亦自有固寵之術。余讀漢、唐書，得二事可以爲世鑒。孝武李夫人病篤，上自臨候之。夫人蒙被謝曰：「妾久寢病，形貌毁壞，不可以見帝，願以王及兄弟爲託。」上曰：「夫人病甚，殆將不起，一見我，將加賜千金，與兄弟尊官。」夫人曰：「尊官在帝，不在一見。」上復言欲必見之，夫人遂轉嚮，歔欷不復言，於是上不悦而起。夫人姊妹讓之，夫人曰：「所不欲見帝者，乃以深托兄弟也。我以容貌之好，得由微賤，愛幸于上。夫以色事人者，色衰而愛弛，愛弛則恩絶。上所以戀戀顧我者，乃以平生容貌也。今見我毁壞，顔色非故，必畏惡吐棄我，意尚復肯追思憫録其兄弟哉！」及卒，帝竟思念不已。仇士良之老，中人舉送還第，謝曰：「諸君善事天子，能聽老夫語乎？」衆唯唯。士良曰：「天子不可令閒暇，閒暇必觀書，見儒臣則又納諫。智慮深遠，減玩好，省游幸，若屬恩且薄而權輕矣。爲諸君計，莫若殖財貨，盛鷹馬，日以毬獵聲色蠱其心，極侈靡，使悦不知息。則必斥經術，闇外事，萬機在我，恩澤權力欲焉往哉！」衆載拜。即此觀之，可謂賊雖小人，智過君子。然孔子但言其難養，而不言所以處之之術，何也？

人趨炎附勢

熙寧初，王荆公用事。一時字多以甫，押字多以圈。時語云：「表德皆連甫，花書盡帶圈。」當其盛時，誰不畏愛？唐令狐綯當國日，以姓氏少，族人有投名者不吝。由是遠近皆趨，至有姓狐冒令者。温庭筠戲曰：「自從元老登庸後，天下諸狐盡帶令。」趨炎附勢，蓋自古而然耳。自非盛德而居大位者，其不擅權以欺主，則必護短以立威。此亦小人常態，於今何足怪云？

戲謔類

人比犬僧似鼈

歐公言漢人碑云：「鷹擊盧摶。」是以人比犬也。山谷言徐浩詩云：「法師多壞能。」能，三足鼈也，乃是僧似鼈耳。人比犬，僧似鼈，正好一對。

卷十四

人倫之變

阮籍知有母而不知有父雍姬知有父而不知有夫

阮籍聞有子殺母者，曰：「嘻，殺父乃可也，至殺母乎？」人怪其失言，籍曰：「禽獸知母而不知父，殺父，禽獸也；殺母，禽獸之不若也。」吾觀阮籍此言，甚似安禄山。禄山每拜必先妃後帝，曰：「胡人先母後父。」由是而言，殺母者，固不若禽獸；而籍之言，則亦夷狄也。籍固賢士，所以至此者，好奇之過也。士君子立言，要可爲訓耳，豈在好奇？辛有過伊川，見有被髮而祭于野者，知其後必爲戎。晉之後有五胡之亂，則亦以籍輩先爲夷狄之言故也。夫籍，中國也，而與夷狄無異；禄山，夷狄也，而與禽獸無異。其亂一也，孰謂籍之賢而與禄山並乎？吾又觀鄭伯將使雍糾殺祭仲，雍姬知之，謂其母曰：「父與夫孰親？」母曰：「人盡夫也，父，一而已，胡可比也？」此語與阮籍亦無異。阮籍先母而後父，姬母知父而不知夫，皆非理也。婦人之義，在家從父，既嫁從夫，而曰人盡夫也，此何等語？或曰：「當此時，雍糾欲殺其父，不可以莫之告也。」爲姬計則將安出？曰：「使姬而知義，則宜力諫其夫，使辭于君。不可，則涕泣而道之，而陰諭祭仲使爲備，而勿泄也。不亦父夫兩全乎？」爲姬母計者，姬曰：「父與夫孰親？」則答曰：「無親疎。」如此，則姬必且思而及於吾之所謂計矣。姬母之言，不可以訓。雖然，以籍之賢，猶入於夷狄而不自知也，姬母其何誅？

明皇一日殺三子

唐明皇一日殺三子，雖大衾長枕，情乎？

王韶在熙河多殺伐

王韶在熙河多殺伐。晚年乃出知洪州，頗多恨悔，棲心空寂，冀有以洗滌之。嘗請佛印元公升座，元知其意，炷香曰：「此香奉爲殺人不睫眼上將軍、立地成佛大居士。」于時，一衆莫不稱善。韶聽之亦悠然意消。後疑心未歇，又問黄龍心老曰：「昔未聞道，罪障固多，今聞道矣，罪障滅乎？」心老曰：「譬如有人貧時負債，及富而遇債主，其必償乎否也？」韶曰：「必償。」曰：「然則，雖聞道矣，奈債主不相放耶？」韶自是怏怏不悦，未幾，疽發背而卒。古人有曰：「病不除根，遇毒還作。」殆韶謂耶？

風鑒類

僧文曉相法

僧文曉者，以相法自言。予與之語，詰其所得，曉曰：「吾法不從人授。吾少讀《法華經》，至第六卷，見吾佛言：『若復有人語余，人言有《法華經》，可共往聽。是人功德轉身，得與陀羅尼菩薩共生一處，利根智慧，百千萬世，終不瘖瘂。口氣不臭，舌常無病，口亦無病，齒不垢黑，不黄不疎，亦不缺落，不差不曲；脣不下垂，亦不褰縮，不麄澀，不瘡瘮，亦不缺壞，亦不咼斜，不厚不大，亦不黧黑，無諸可惡；鼻不匾㔸，亦不曲戾；面色不黑，亦不狹長，亦不窊曲，無有一切，不可喜相。脣舌牙齒，悉皆嚴好，鼻修高直，面貌圓滿，眉高而長，額廣平正，人相具足。』吾三復玩味，于是得相法焉。」予初駭其言，因戲語曉曰：「佛法無妄者，聽《法華經》，人得如是相好，無疑矣。然持此法以往，必須見有如此人，乃合此法耳。且如吾書中言：『帝堯長，帝舜短；文王長，周公短；仲尼長，子弓短。衛靈臣公孫吕身七尺，面三尺，廣三尺，鼻目耳具，而名動天下。楚孫叔敖突禿長左軒較之下，而以楚伯。葉公子高短瘠微小，行若將不勝其衣，然白公之亂，定楚國如反掌。徐偃王之狀，目可瞻馬；仲尼之狀，面如蒙倛；周公之狀，身如斷菑；皋陶之狀，色如削瓜；閎夭之狀，面無見膚；傅説之狀，身如植鰭；伊尹之狀，面無鬚眉；堯、舜參眸子。桀、紂長巨姣美，筋力越勁，然身死國亡，爲天下大僇。』如此等人，與《法華經》所説，已是不合。爾當以何法相之？」曉遂無語，固知其無術，然能言因讀《法華經》而得相法，亦可喜。世必有悟此者，但曉非其人耳。因記于此，幾一見云。

誅殺類

鮑永誅彭豐等

予讀《鮑永傳》，永爲魯郡太守時，董憲别將彭豐等千餘人，殘害百姓，不肯下。頃之，孔子闕里無故荆棘自除，從講堂至于里門。永異之，謂府丞及魯令曰：「方今危急，而闕里自開，斯豈夫子欲令太守行禮助吾誅無道耶？」乃會衆人修鄉射之禮，請豐等共觀，因此擒之。豐乃持牛酒勞饗，永手格殺豐，因擒破黨與，至今以爲異事。然予竊疑夫子方無恙之日，伐木于宋，削迹于衛，窮于商、周，阨于陳、蔡，人以爲是東家丘也。死去數百載，乃時時自出奇怪。魯共王欲壞孔子宅，以爲宫室，上堂聞金石絲竹之聲，乃不壞。何生不靈而死靈乎？或者曰：「此魯人歲時會孔子宅，講禮習樂。魯共王適聞其聲，知聖道之盛，故不壞耳，非有神異之事也。」然事在耳目之外，豈可一一以義理懸斷有無？伯有强死，猶能爲鬼，豈大聖之英而與草木俱盡乎？不然，夫子夢奠之後，猶能助誅無道，豈請討陳恆習氣猶在耶？予又觀《鍾離意别傳》，意爲魯相，身入廟，拭拂劍履。男子張伯除堂下草，土中得玉璧七枚，伯懷其一，以六枚白意。意令主簿安置几前。孔訢教授堂下，牀首有懸甕，意召孔訢，問：「此何甕也？」訢曰：「孔子甕也。背有丹書，人不敢發也。」意曰：「夫子聖人，其所以遺甕，欲示後賢。」因發之，中得素書，文曰：「後世修吾書，董仲舒護吾車；拭吾履，發吾笥，會稽鍾離意；璧有七，張伯藏其一。」此事猶涉神怪。及見王子年《拾遺記》則云，孔子生之夜，有二蒼龍自天而下，有二神女擎香露于空中，以沐浴徵在。天帝下，奏鈞天之樂，有五老列于庭，則五星之精也。先是有麟吐玉書於闕里人家，云：「水精之子孫，衰周而素王，故二龍繞室，五星降庭。」徵在以繡紱繫麟角。及夫子將終，抱麟解紱而泣。據此，則與釋迦佛生時，九龍吐水，帝釋捧盤何異？無乃好事者欲以神孔子，而反流入于怪歟？《抱朴子》則又曰，仲尼《春秋》成，紫微降光。而《搜神記》亦云，孔子修《春秋》、製《孝經》既成，齋戒向北斗告備。忽有一虹自天而下，化爲黄玉，刻文，孔子跪而受之。又何不經如此？至今好古之事，蓋疑者半，信者半。然予聞之《列子》曰：「趙襄子率徒十萬狩于中山，藉芿燔林，扇赫百里。有一人從石壁中出，隨煙燼上下，衆謂鬼物。火過，徐行而出，若無所經涉者。襄子怪而留之，徐而察之：形色七竅，人也；氣息音聲，人也。問：『奚道而處石，奚道而入火？』其人曰：『奚物而謂石？奚物而謂火？』襄子曰：『而嚮之所出者，石也；而嚮之所涉者，火也。』其人曰：『不知也。』魏文侯聞之，謂子夏曰：『彼何人哉？』子夏曰：『以商所聞夫子之言，和者大同于物，物無得傷閡者，遊金石、蹈水火可也。』文侯曰：『吾子奚不爲之？』子夏曰：『刳心去智，商未之能。雖然，試語之有暇矣。』文侯曰：『夫子奚不爲之？』子夏曰：『夫子能之而能不爲也。』」予謂夫子不但能之而能不爲，又能之而能不語。故曰：「子不語怪力亂神。」所以奇功異跡，未嘗暫顯，體中之奇妙處，萬不示一。而世之異端邪説之士，方怪術自神，而俗儒者恥夫子之不若也，乃始附著奇異之語。又豈知夫子以不語不爲爲能乎？觀《列子》之論，又何其識大體也！

夢寐類

記夢見孔子

予嘗夢至一處，殿宇甚嚴，有五人坐其中，皆具王者衣冠。予瞻仰甚久，因問彼中之人，此皆何人？答云：「中坐者孔子，左堯、舜，右湯、武也。」坐皆並肩，而孔子差高。予因三嘆古之聖人皆如此堂堂耶？時紹興十四年甲子六月二十四夜也。夢中頗訝孔子坐中間，既寤而思之，遂得其説。予嘗作《孔子論》二篇，一篇爲此設也。

孔子夢周公

高宗、文、武皆言夢，孔子亦言夢。然孔子特以時無聖人，傷己道之不行也，曰：「周公之不可見，雖夢寐間亦不見之。」蓋嘆之云耳。而或者謂孔子實欲夢見周公，此是癡人前不得説夢耳。伊川謂孔子夢周公之事，與常人夢自别，則又夢中説夢也。予讀《東軒筆録》，周師厚者，爲荆湖北路提舉常平，人呼爲夢見公，以其姓周也。蒲宗孟爲湖北察訪使，因奏師厚昏不曉事，故吏民呼爲夢見公，師厚竟以此罷去。此乃是夢中又占其夢耶，可以一笑。

變化類

宋齊丘食化

陳文壽嘗語余：「人有于庭楹間鑿池以牧魚者，每鼓琴于池上，即投以餅餌，魚爭食之。如是者屢矣。其後魚但聞琴聲丁丁然，雖不投餅餌，亦莫不跳躍而出。客不知其意餌也，以爲瓠巴復生。」予曰：「此正宋齊丘所謂食化者。齊丘曰：『庚氏之魚，可名策策。辛氏之魚，可名堂堂。』如此，則庭下之魚，可名丁丁。」文壽大笑。

校勘記

卷十五

死生類

房琯婁師德張文定蘇東坡知前身

舊説房琯前身爲永禪師，婁師德前身爲遠法師，豈世所謂聰明英偉之才者，必自般若中來耶？近世張文定公爲滁州日，遊琅琊山寺，周行廊廡，至藏院，俛仰久之。忽命左右梯梁間，得經一函。開示，即《楞伽經》也，味經首四句偈，遂大悟流涕，知前生事。東坡前身亦具戒和尚。坡嘗言在杭州時，嘗遊壽星寺，入門便悟曾到，能言其院後堂殿石處，故詩中有「前生已到」之語。此皆異事。蓋由二公平生學道，性地純一，神觀清淨，于一念頃遂見前生。予因論此，偶有所感，誦白公「手把楊枝臨水坐，閒思往事似前身」之句，以太息云。

東坡死生夢幻不能障蔽

僧惠洪覺範嘗言：「東坡言語文字，理性通曉，蓋從般若中來。然嘗恨其窺幻夢如隔霧見月，雖老而死者，聖達所不免，譬之晝則有夜。而東坡欲白日仙去，竟以病而殁。」

蓋徐師川亦云。「予以爲不然。坡公胸次，韜藏萬象，洞視八表，視天下萬物，無足以易其樂者。顧常好寫字畫竹，談笑之餘，猶復留意養生，蓋游戲爲之，與道不妨也。公詩云：「平生萬事足，所欠唯一死。」此豈死生夢幻所能障蔽乎？覺範之言良亦未是。然予笑覺範亦自是有癖，常好作詩。陳瑩中以書痛戒之曰：「比丘以寂滅爲事，五十三善知識中，惟法雲等五人可名比丘。彼于行住坐臥，所爲所念，永與世隔。公既不忘僧事，直欲追侶先覺，則于世間文字不宜貪著太深。」書數千言，然覺範爲之不衰。惟古之達者，無物非真，無不可以寓其意者。養生作詩，比之古人結髻、蠟屐，聊當一戲，亦復何害哉？

鬼神類

鵝鬼兔鬼

鵝有鬼，兔亦有鬼。《抱朴子》曰：「吴景帝有疾，求覡視者，得一人，欲試之。乃殺鵝而埋于苑中，架小屋，施牀几，以婦人屣履服物著其上，乃使覡視之。告曰：若能説此家中鬼婦人形狀者，當加賞而即信矣。竟日盡夕無言。帝推問之急，乃曰實不見有鬼，但見一頭白鵝立墓上，所以不即白。」然則鵝死亦有鬼也。《稽神録》云：「楊邁好田獵，放鷹于野，見草中一兔，搏之無有，如是者三。即芟草求之，得兔骨一具，兔之鬼也。」鵝有鬼，兔有鬼，而阮瞻作《無鬼論》。

花木類

南地花木北地所無

南中花木有北地所無者，茉莉花、含笑花、闍提花、鷹爪花之類，以性皆畏寒。故茉莉唯六月六日種者尤盛； 含笑有大小，小含笑有四時花，然惟夏中最盛； 又有紫含笑，香猶酷烈。 茉莉、含笑皆以日西入稍陰，則花開。 初開，香尤撲鼻。 予山居無事，每晚涼坐山亭中。 忽聞香風一陣，滿室郁然，知是含笑開矣。 闍提花微似梔子，香而色雪白。 鷹爪花亦謂之鷹爪含笑，香亦不減。 閩、廣市中，婦女喜簪茉莉，東坡所謂「暗麝著人」者也。 製龍涎香者，無素馨花多以茉莉代之。 鄭德素侍其父將漕廣中，能言廣中事，云素馨唯蕃巷種者尤香，恐亦别有法耳。 龍涎以得蕃巷花爲正。 云近日浙中好事家，亦時有茉莉、素馨，皆閩商轉海而至。 然非土地所宜，終亦不盛。

蟲魚類

王荆公通應子魚之誤

泉州有通應侯廟，其下臨海，出子魚甚美，世呼「通應子魚」者，記所出也。 荆公詩遂誤用，謂「長魚俎上通三印」，東坡又以「通印子魚」對「披綿黄雀」，此皆是傳聞之誤。孟子譏緣木求魚者，以其無有也。而范蜀公言，蜀中實有一種魚在樹上，聲如嬰兒啼，其名鯢魚。此則孟子亦有未聞者也。荀子曰「蟹六跪而二螯」，然蟹實八跪，方知蔡謨不識蟚蜞未足多笑。

山川類

司馬遷班固言河出崑崙

司馬遷、班固按《禹本紀》言，河出崑崙，高二千五百餘里，日月所相隱避爲光明也。而《張騫傳》言，漢使窮河源，其山多玉石，采來天子。按，河所出山名崑崙，予以佛書攷之，河出崑崙者，此即雪山。而所謂崑崙者，自須彌山也。佛書説有四天下，東弗于代，西瞿耶尼，南閻浮提，北鬱單越。雪山在中天竺國，正當南閻浮提之中，山最高，頂有池，名阿耨達池。池中有水，號八功德水，分派而出，遂有青黄赤白之異。今黄河，蓋其一派也。須彌山，又在四天下之中，山頂名忉利天，四天王所居，山如腰鼓。當山腰，日月圈繞，照四天下，更爲晝夜。此《禹本紀》所謂日月所相隱避爲光明者也。此四天下之外，乃有大鐵圍山、小鐵圍山圍焉，是謂一世界。《禹本紀》蓋得其髣髴。然方佛書未來時，古之達者已知此矣。遷、固且言自張騫使大夏之後，窮河源，烏覩所謂崑崙者。此是未知崑崙山所在耳。河所出與日月所相隱避處，本是二山，要當以佛書爲證。

古跡類

姑蘇遺跡

姑蘇靈巖寺本吴王别館。寺有西施洞、採香徑、響屧廊，遺跡甚多，然但名存耳，人云廊之移易屢矣。予遊靈巖寺，有詩云：「山僧不好古，改作任所欲。洞荒徑已迷，廊空響誰續？」蓋謂此也。凡所在古跡近僧寺處，必經改易，意恐過客尋訪，憚于陪接耳。歐陽嘗嘆庶子泉昔爲流溪，今山僧填爲平地，起屋其上。問其泉，則指一井曰：「此庶子泉也。」以此知山僧不好古，其來久矣。

蘇子美滄浪亭

蘇子美居姑蘇，買水石作滄浪亭，歐公以詩寄題，有云：「荒灣野水氣象古，高林翠阜相回環。」此兩句最爲著題。予嘗訪其遺跡，地經兵火，已易數主矣。今屬韓郡王府，亭非舊創也。然荒灣野水、高林翠阜，猶可想像當時景物。予每至其上，裴徊不能去。因思古人「柳塘春水漫」與「池塘生春草」之句，似專爲此亭設也。非意到目見，不知其妙。予嘗有《遊西園》詩戲述其事，其卒章云：「不到滄浪亭上望，那知此語是天成。」蓋謂此也。

拾遺類

真龍虎真豪傑

虎中自有真虎，龍中自有真龍。真虎不可射，其見射于裴旻者，非真虎也；真龍不可豢，其見豢于劉累者，非真龍也。惟士亦然，孟子曰：「待文王而後興者，凡民也。若夫豪傑之士，雖無文王猶興。」故士中自有真豪傑，不可困；其困于文墨者，非真豪傑也。

東坡劉景文語

東坡嘗與劉景文語：「一則仲父，二則仲父，當以何對？」景文答俗諺：「千不如人，萬不如人。」坡首肯之。予以爲不如對「成也蕭何，敗也蕭何」，此亦俗諺也。

東坡言靜

東坡嘗言「靜似嬾，達似放」。予以爲拙亦似嬾，俗亦似放。

孟嘉李白酒趣

孟嘉、李白皆謂酒中有趣，而世少有知之者。予愛韓退之詩云：「所以欲得酒，爲文俟其醺。酒味既冷冽，酒氣又氤氳。性情漸浩浩，諧笑方云云。此誠得酒趣，此外徒繽紛。」只此八句，便道盡酒中情狀。然又嘗恨其漏泄天機，此趣豈容世間得聞？以此知杜子美之詠八仙，猶是未得酒中之趣。

酒樓主人敬慕石曼卿劉潛

石曼卿、劉潛嘗會飲于京師酒樓，主人知其賢，特爲供設美酒嘉殽，終日不倦。既暮，主人具筆研，請題名，願與其列。劉、石不得已，相顧曰：「捧研可也。」予往過永興，造一人家園中，坐池亭上，梁間有題名，其末云：「主人乞書。」予顧謂同行者曰：「此『乞書』字便可對『捧研』也。」聞者亦笑。

校勘記

補遺

言語忠厚以下五則從儒學警悟本鈔補

章子厚嘗言：「饑時遇不相識，亦須索飯；飽後見爺，亦不拜。」此最害理，子厚寧以一飽而遂忘其父乎？不似范文正公善言饑飽。公嘗監泰州西溪鹽場，西溪素多蚊蚋，作詩曰：「飽去櫻桃重，饑來柳絮輕。但知求早替，不要問前程。」雖片言，亦自有忠厚之氣。

論硯發墨

予聞之歙人曰：「佳硯石，如側紋板旁有牆壁者，佳石也。」其人因出一眉子硯相示，四邊若蜂窠然。予遂問硯之發墨者以何爲驗，其人曰：「硯之發墨者，謂石之精潤能發墨之光華爾。只如此硯，雖經年不滌，舊墨塵積，但磨新墨用之，愈見光彩，如此方名發墨。若凡硯，不去舊墨則敗腐不堪用矣。」其言頗有理，然予見歐、蘇諸公所論發墨，與此似異，故遂記之以廣所聞。

文人相譏

東坡《醉白堂記》，荆公謂是韓、白優劣論；而荆公《虔州州學記》，東坡亦謂之學校策。范文正公《岳陽樓記》，或者又曰此傳奇體也。文人相譏，蓋自古而然。退之《畫記》，或謂與甲乙帳無異；樂天《長恨歌》曰：「上窮碧落下黄泉，兩處茫茫尋不見」，當是目蓮救母辭爾。近柳屯田云「楊柳岸，曉風殘月」，最是得意句，而議者鄙之曰：「此梢子野溷時節也！」尤爲可笑。

悟百丈不昧因果

予讀《百丈語録》，百丈凡參次。有一老人常隨衆聽法，衆人退，老人亦退。忽一日不退，百丈遂問：「而前立者復是何人？」老人曰：「某甲，非人也。於過去迦葉佛時，曾住此山。因學人問大修行底人，還落因果也无。某甲對云：『不落因果。』遂五百生墜野狐身。今請和尚代一轉語，責脱野狐身。」遂問「大修行底人，還落因果也无？」百丈云：「不昧因果。」老人因此於言下大悟，遂作禮云：「某甲已脱野狐身。」至今林下人商量，謂不昧因果勝如不落因果，以此一字，便救得野狐身。又觀百丈既領衆葬野狐意，至晚上堂舉前因緣。黄檗使問：「古人錯祇對一轉語，墜五百生野狐，轉轉不錯，合作箇什麽？」百丈云：「近前來與汝道。」檗遂近前與師一掌，百丈拍手笑曰：「將謂胡鬚赤，更有赤鬚胡。」林下人又商量，百丈到這裏，不免輸黄檗一籌。予以爲不然，此皆是未悟時見解也。使老人若悟，則不落因果、不昧因果，總皆道德不錯。使林下人若悟，則黄檗一掌，合有人知痛在。

王右丞畫渡水羅漢

王右丞作雪裏芭蕉，蓋是戲弄翰墨，不顧寒暑。今世傳右丞所畫渡水羅漢，亦是意也。而山谷云：「阿羅皆具神通，何至拖泥帶水如此？使右丞作羅漢畫如此，何處有王右丞耶？」山谷意以爲右丞當畫羅漢，不當作羅漢渡水也。然予觀韓子蒼《題孫子邵王摩詰渡水羅漢》詩云：「問渠褰裳欲何往，蒼惶徙倚滄江上。至人入水固不濡，何以有此恐怖狀？我知摩詰意未真，欲以筆端調世人。此水此渡俱非實，摩詰亦未嘗下筆。」以此觀之，古人作畫，自有指趣。不知山谷何爲作此語，豈猶未能玩意筆墨之外耶？

跋

丙寅歲，予由海道將抵行在所，未至而遇大風漂舟，盡失平日所業文字。既而於知友間收拾逸外，得所著《捫蝨新話》，十纔可五六。讀之恍然，遂見舊物，顧傳寫傀誤，所未暇正。戊辰春，以三上不第，薄遊姑蘇，無所用心，因就加刊削，得一百則，漫録於此，以備遺忘。紹興己巳正月二十一日，羅源陳善子兼題於朱氏草庵。

予自著《捫蝨新話》，已爲好事者傳之。尚有餘簡，久欲纂次，適兹退衄之餘，未免留滯之難。因理舊楮，兼摭新聞，又得一百則，録之以爲第二集。非以迂疏閑散，有不暇也。時寓王庠請告於城西之俞家園，心遠地偏，俗客不來。雖無益於討論，尚有資於談笑。貽我同志，不點俗眼。是歲紹興二十七年三月一日也。子兼。

夏跋

右《捫蝨新話》十五卷，宋陳善撰。史繩祖《學齋佔畢》稱三山陳子兼善著《捫蝨新話》，張端義《貴耳集》稱秋塘陳敬甫善有《雪蓬夜話》三卷，淳熙間一豪士。俞文豹《吹劍録》亦引其詩，蓋南宋初學人也。《雪蓬夜話》未有傳本，是書初名《窗間紀聞》，見陳益序。陳振孫《書録解題》載《窗間紀聞》一卷，陳子兼撰，疑即錢曾《讀書敏求記》所載不分卷本所自出。《宋史·藝文志》作八卷，今《儒學警悟》本列三十二卷至三十九卷，凡八卷，與《宋志》合。明毛氏汲古閣刊十五卷分類本，與《敏求記》所稱影宋標題《朝溪先生捫蝨新話》者同出一源，殆爲元人所分類析卷歟？蓋毛刻於「帝王文章富貴氣象」，標目作「宋太祖皇帝詩語雄捷」，「本朝文亦三變」作「唐宋文章皆三變」，而舊鈔《朝溪先生捫蝨新話》其標目亦作「唐宋文章三變」，殊不類宋人稱謂。明萬曆張可大、沈元熙刊本分四卷，其次第悉如毛刻，則又從分類本改併者也。《四庫著録》列此書於存目，以其大旨推王荆公爲宗主，於宋人詆歐陽永叔、蘇氏父子、楊中立、陳東、歐陽澈，疑爲紹述餘黨之子孫。其實善評論學術文章，於荆公、歐、蘇均有褒有貶，其記「太學生陳東、歐陽澈、黄作詹淵」，則爲《儒學警悟》本標目所無，非善所記可知，不知分類本何由竄入，惜《提要》

未覩宋本，徒加善一罪案耳。至記「湣王伐燕孟子誤以爲宣王」一則，實有謬誤，《提要》轉未議及。考《孟子》「齊人伐燕取之」爲一章，在《梁惠王》篇，此《史記·燕世家》所云「易王初立，齊宣王因燕喪伐我，取十城。蘇秦説齊使，復歸燕十城」者是也。「沈同以其私問曰」又爲一章，在《公孫丑》篇，無一字及宣王，固湣王時事。史遷所記，與《孟子》符合，善蓋誤讀《孟子》也。是本得江陰繆藝風先生之助，借校《儒學警悟》本，其舊鈔《朝溪先生捫蝨新話》，藝風已先校寫於張可大本，並獲過録。因從《儒學警悟》補五則，並陳益、張諫兩《序》，善兩《自跋》。毛本二則混合爲一者一處，一則分列爲二者二處。他書竄入者一則，改正，則適爲二百則，與善《自跋》吻合。《儒學》本卷二及卷六均有脱葉，缺「郭璋截君角」、「歐公詩倣韓退之木睠杖歌」、「孔子老子皆是菩薩」、「鍾會王徽之會禪」、「徐邈中聖人」、「王韶悔殺伐」、「牧魚投餌」七則，因注於目，並詳其次第焉。己未新建夏敬觀跋。

◉高文虎撰

蓼花洲閒録

程郁 整理

點校説明

《蓼花洲閒録》，一卷，高文虎撰。高文虎，字炳如，四明（今浙江寧波）人。高宗紹興三十年（一一六〇）登進士第。以聞見博洽，多識典故，除國子正，遷司業、祭酒。歷兼國史院編修、實録院檢討、玉牒所檢討等，與修《四朝國史》等書。寧宗時爲中書舍人。韓侂胄當權，因草詔列朱熹等爲僞學，遷翰林學士。《宋史》卷三百九十四有傳。

本書多抄自諸家筆記，且附注出處，但有半數引書今佚。作者少有著作傳世，僅《咸淳臨安志》載有佚文數篇。是書宋諸書目未著録，亦未見宋人提及。寧宗開禧後，韓侂胄敗亡，高氏文章或因此少見。明李時珍《本草綱目》將本書列入採輯書目，《古今説海》、《説郛》採編之後方多爲引用。

本次校點，以清宣統《古今説海》排印本爲底本，校以四庫《説海》本、叢書集成本及宛委山堂《説郛》本，并參校原出處。

五代時有僧某，卓菴道邊，藝蔬丐錢。一日晝寢，夢一金色龍食所藝萵苣數畦。僧寤，驚，且曰：「必有異人至。」已而見一偉丈夫，於所夢之所取萵苣食之。僧視其狀貌凜然，遂攝衣延之，餽食甚勤。頃刻告去，僧囑之曰：「富貴無相忘。」因以所夢告，且曰：「公他日得志，願爲老僧只於此地建一大寺。」偉丈夫乃藝祖也。既即位，求其僧尚存，遂命建寺，賜名「普安」，都人稱爲道者院。則壽皇聖帝王封之名已兆於此。（《清波雜志》）

江南徐諤得畫牛，晝齧草闌外，夜則歸臥闌中。持以見後主煜，煜獻闕下。太宗問羣臣，俱無知者。惟僧贊寧曰：「南倭海水或減，則灘磧微露，倭人拾方諸蚌，胎中有餘淚數滴，得之和色著物，則晝隱而夜顯。沃焦山時或風燒飄擊，忽有石落海岸，得之滴水磨色染物，則晝顯而夜晦。」（《清波雜志》）

兵部尚書杜業任樞密，有權變，足機智【一】，兵賦民籍指之掌中。其妻張氏妬悍尤急，室絶婢妾，業憚之如事嚴親。烈祖嘗命元皇后召張至内庭，誡之曰：「業位望通顯，得置妾媵，何拘忌如此，豈婦道所宜邪？」張雪涕而言：「業本狂生，遭逢聖運多壘之初，陛下所藉者，駑馬未竭爾。而又早衰多病，縱之必貽其患，將誤於任使耳。」烈祖聞之，大

校勘記

【一】足機智　「智」原作「會」，據四庫本及道光本改。

加獎歎，以銀盆綵段賞之。（《南唐近事》）

陳覺微時爲宋齊丘客。及爲兵部侍郎也，其妻李氏妬悍，親執庖爨，不置妾媵。齊丘選己之婢三人與之，李亦無難色，奉事三婢若舅姑禮。人問其故，李曰：「此令公寵倖之人，見之若面令公，何敢倨慢？」三婢既不自安，求還宋第，宋笑而許之。（《南唐近事》）

大中祥符八年四月二十三日夜，榮王宫火起，時大風從東北來，五更後火益盛。予起登樓見之，知是禁中，通夕不寐。未明，東宫六位一時蕩盡，宫人多有走上東華門樓，有出不及者，焚死百餘人。東宫六位：東行第一雍王，第二相王，第三南陽郡王，西行第一兖王，第二曹王，第三榮王，第四即連御廚，密邇上臺。二十四日，左掖門東並不開，朝者皆趨右掖門。天明，宰臣等立於内東門廊廡之下。既而火至承天門西，燒儀鸞司，又燒朝元殿後閣，西至東上閤門、長春殿西廊。拆南北廊以絶火勢【二】。火遂南燒内藏庫、香藥庫，又東回燒左藏庫，直西燒祕閣、史館。午時，燒乾元門東角樓，西至朝堂，救之而止。未時，火出宫城，連燒中書省、門下省、鼓角司、審官院。是夕，燒毁屋舍計二千餘間，救焚而死者千五百人。火至夜不絶，宰臣、樞密、兩制是夕並宿禁中。是時，救左藏庫人尤衆，輦出金銀帛疋莫知其數，積於城牆之上，及燒角樓，風急回東北，又燒之，煙焰燭天，救者不能措手。初，燒長春殿南廊，火自屋内西行，忽隔十餘間而發，人皆奔走趨避之。所存惟大内及中書、樞密院以西而已。是時，二王無居處，寓於東華樓，至夕，召入禁中，明日，出居於上源驛。時焚諸庫中香，聞十

【二】拆南北廊以絶火勢　「拆」原作「折」，據四庫本及道光本改。

餘里。祕閣、三館圖籍，一時煨燼俱盡，又大風中，有飄書籍至汴水之南者。中夕風定，火亦止。二十五日，詔知諸王與中使閻六慶、岑守素勘遺火之踪。中人説，二十四日欲明，火勢漸東來，遂拆御廚主廊，數百人登屋運水，時望見宫人相壓死於煨燼中甚衆，猶有手足能動者。曹王夫人將投火中，救之獲免。宫人入火者不知其數。禁中大樹焚之殆盡，所餘亦焦枯焉。惟相王宫在東南，火自西北起，王四更破東牆，自率宿衛者運府庫等物出之，十得七八矣。五月三日，滎王落遂州節度使，降封端王【三】。先領梓、遂二州也。其日，勘得掌茶酒宫人韓小姐，新與親事官孟貴私通，多竊寶器以遺之。後事泄，王乳母將決責之，小姐乃謀放火因而奔出。有琵琶伎人王大賽者知之，受小姐金而不言。二十三日夜半，於佛堂前簾上舉炬爇之，時因風急，火遂大作。（《玉堂逢辰録》）

祥符中，西蜀有二舉人同硯席。既得舉，貧甚，干索旁郡以辦行。將迫歲始離鄉里，懼引保後時，窮日夜以行。至劍門張惡子廟，號英顯王，其靈其靈震三川【四】，過者必禱焉。二子過廟已昏，晚大風雪，苦寒不可夜行，遂禱於神，各占其得失，且祈夢爲信，草就廟廡下席地而寢。入夜，風雪轉甚，忽見廟中燈燭如晝，殺俎甚盛，人物紛然往來。俄傳導自遠而至，聲振四山，皆岳瀆貴神也，既就席，賓主勤酬如世人。二子大懼，已無可奈何，潛起伏暗處觀焉。酒行，忽一神曰：「帝命吾儕作來歲狀元賦，當議題。」一神曰：「以鑄鼎象物爲題。」既而諸神皆賦一韻【五】，且各删潤彫改，商榷又久之遂畢。朗然誦之，

【三】降封端王　「端」原作「瑞」，據叢書集成本及四庫本改。

【四】其靈響震三川　「響」原作「蠁」，據四庫本及道光本改。

【五】既而諸神皆賦一韻　原脱「賦」字，據四庫本及道光本補。

曰：「當召作狀元者魂魄授之。」二子默喜，私相謂曰：「此正爲吾二人發。」迨將曉，見神各起致別，傳呼出廟而去，視廟中寂然如故。二子素聰警，各盡記其賦，亟寫於書帙後，無一字忘，相與拜賜鼓舞而去。倍道而行，笑語欣然，惟恐富貴之逼身也。至京，適將引保就試。過省，益志氣洋洋，半驗矣。至御試，二子坐東西廊。御題出，果鑄鼎象物賦，韻脚盡同。東廊者下筆思廟中所書，懵然一字不能上口，間關過西廊問之。西廊者望見東廊者，曰：「御題驗矣，我乃不能記，欲起問子，幸無隱也。」東廊者曰：「我正欲問子也。」於是二子交相怒，曰：「臨利害之際，乃見平生。且此神賜而獨私以自用，天其福爾邪？」各憤怒不得意，草草信筆而出。及唱名，二子皆被黜，狀元乃徐奭也。既見印賣賦，二子比廟中所記者，無一字異也。二子歎息，始悟凡得失皆有假手者，遂皆罷筆入山，不復事筆硯。恨不能記其姓名云。（《儁永録》）

元豐二年，相州安陽縣民段化以疾失明，其子簡屢求醫不驗。一夕，忽夢神人告之曰：「與爾此藥，可用人髓下之，則汝父之目立見光明。」既悟，手中果得藥。簡乃卸左腕【六】，搥骨取髓，調藥以進，立愈。相州具奏其事。古有爲父母卸指者，指復更生。自非至誠，安能動天地感鬼神哉！似段簡者，安知不然也？（《搜神秘覽》）

西川費孝先善軌革，世皆知名。有大名人王旻，因殖貨至成都，求爲卦。孝先曰：「教住莫住，教洗莫洗，一石穀搗得三斗米，遇明即活，遇暗即死。」再三戒之，令誦此

【六】簡乃卸左腕　「腕」原作「母」，據《説郛》宛委山堂本、四庫本及道光本改。

數言足矣。旻志之。及行，途中遇大雨，憩一屋下，路人盈塞。乃思曰：「教住莫住，得非此邪？」遂冒雨行，未幾，屋顛覆，獨得免焉。旻之妻已私鄰比，欲講終身之好，俟旋歸，將致毒謀旻。既至，妻約其私人曰：「今夕新沐者乃夫也。」日欲晡，呼旻洗沐，重易巾櫛，旻悟曰：「教洗莫洗，得非此也？」堅不從。婦怒，不省自沐，夜半反被害。既覺，驚呼隣里共視，皆罔測其由，遂被囚繫，拷訊獄就，不能自辯。郡守録狀，旻泣言：「死即死矣，但孝先所言終無驗耳。」左右以是語上達郡守。守命未得行法，呼旻問曰：「汝鄰比何人也？」曰：「康七。」遂遣人捕之，「殺汝妻者，必此人也」。已而果然。因謂僚佐曰：「一石穀搗得三斗米，非康七乎？」由是辯雪。誠遇明即活之効歟！（《搜神秘覽》）

神宗時以陝西用兵失利，内批出令斬一漕官。明日，宰相蔡確奏事，上曰：「昨日批出斬某人，今已行否？」確曰：「方欲奏知。」上曰：「此人何疑？」確曰：「祖宗以來未嘗殺士人，臣等不欲自陛下始。」上沉吟久之，曰：「可與刺面配遠惡處。」門下侍郎章惇曰：「如此即不若殺之。」上曰：「何故？」曰：「士可殺不可辱。」上聲色俱厲曰：「快意事更做不得一件。」惇曰：「如此快意，不做得也好。」（《退齋筆録》）

蔡確之子懋，宣和末爲同知樞密院事。因奏事言及確南遷時事云：「蘇軾有章救先臣確，臣家嘗傳録。」因袖出章進上。上皇云：「蘇軾無此章。軾在哲宗朝所上章，哲宗一一旋封册子，手自録次，今在宮中，並無此章。」懋悵然而退。

東坡先生嘗遇客，行一令，以兩卦名證一故事。一人云：「孟嘗門下三千客，大有同人。」一人云：「光武兵渡滹沱河，未濟既濟。」一人云：「劉寬羹污朝衣，家人小過。」先生云：「牛僧孺父子犯罪，先斬大畜，後斬小畜。」蓋爲荆公發也。（《唾玉集》）

朝廷嘗遣使高麗，彼一僧館伴宴會。中行令云：「張良、項羽爭一傘，良曰涼傘，羽曰雨傘。」我使曰：「許由與晁錯爭一瓢，由曰油葫蘆，錯曰醋葫蘆【七】。」（《漁隱叢話》）

集句自國初有之，未盛也，至石曼卿人物開敏，以文爲戲，然後大著。嘗見手書《下第偶成》云：「一生不得文章力，欲上青雲未有因。聖主不勞千里召，姮娥何惜一枝春？鳳凰詔下雖霑命，豺虎叢中也立身。啼得血流無用處，著朱騎馬是何人？」又云：「年去年來來去忙，爲他人作嫁衣裳。仰天大笑出門去，獨對東風舞一場。」至元豐間，王文公益工於此，人言此自公始，非也。（《金玉詩話》）

王介甫以次女適蔡卞，吴國夫人吴氏驟貴，又愛此女，乃以錦爲帳。未成禮而華俊之聲已聞於外。神宗一日問介甫云：「卿大儒之家，用錦帳嫁女？」介甫諤然無以對。歸問之，果然，乃舍之開寶寺福勝閣下爲佛帳。明日再對，皇懼謝罪而已。（《南遊紀舊》）

紹聖中，瑶華既廢，儀同王景宗乃乞以妾楊氏爲夫人，乞免宣繫及不召媒保，中批允之。時許沖元在中書，遂依已得旨揮。過門下，章子厚大怒，而責沖元云：「小白葵邱之盟諸侯：以妾爲妻者，天下共誅之！惇頭可得，此命不可下。」翌日，極陳罷景宗，仍奪

【七】錯曰醋葫蘆　「醋」原作「錯」，據《説郛》宛委山堂本、四庫本改。

儀同。時論皆以爲得防微杜漸之意。後三年，乃乞建立元符，至託以東朝之命，自草詔。悖何本末相戾也！（《南遊紀舊》）

熙甯末，洛中有人耕於鳳凰山下，獲石碣，方廣二尺餘，乃婦人撰夫誌銘。「君姓曹氏，名禋，字禮夫，世爲洛陽人。三十歲兩舉不第，卒於長安道中。朝廷卿大夫、鄉閭故老聞之，莫不哀其孝友睦婣，篤行能文，何其夭之如是邪？唯兒聞之獨不然，乃慰其母曰：『家有南畝，足以養其親；室有遺文，足以教其子。凡累乎陰陽之間者，生死數不可逃。夫何悲喜之有哉！』丙子年三月十八日卒，以其年十月十五日葬於鳳凰山之原。予姓周氏，君妻也。歸君室八載矣，生子一人尚幼。以其恩義之不可忘，故作銘焉。銘曰：其生也天，其死也天。苟達此理，哀哉何言！其生也浮，其死也休。終何爲哉？慰母之憂。」（《譚選》）

蔡魯公喜接賓客，終日酬酢不倦。家居遇賓客少間，必至子弟學舍，與塾師從容燕笑。蔡元度禀氣弱，畏見賓客，每不得已一再見，則如啜茶多，退必嘔吐。嘗云：「家兄一日無客到則病，某一日接客則病。」（《石林燕語》）

定州織刻絲，不用大機，以熟色經於木棦上，隨所欲作花草禽獸狀。以小梭布緯時，先留其處，以雜色線綴於經緯之上，合以成文，不相連。承空視之，如雕鏤之象，故名刻絲。如婦人一衣，終歲方就，雖作百花，使不相類亦可，蓋緯線非通梭所織也。（《杜陽雜

編》）

范文正公四子，長曰純祐，高才，善知人，通兵書，學道家，能出神。一日方觀坐，爲妹壻蔡交以杖擊户，神驚不歸，自爾遂失心。然居喪猶如禮，草文正行狀皆不誤失。至其得疾之歲，即書曰：「自此天下大亂。」遂擲筆於地，蓋其心之亂也。有子早世，只一孫女，喪夫，亦病狂。嘗閉於室中，窗外有大桃樹，花適盛開，一夕斷欞登木，食桃花幾盡。明旦，人見其單身坐於樹杪，以梯下之，自是遂愈。再嫁洛人奉議郎任諝，以壽終。（《杜陽雜編》）

自古兵亂，郡邑被焚毁者有之，雖賊盜殘暴，必賴室廬以處，故有存者。靖康之後，金虜入中國，露居異俗，凡所過悉焚毁。如曲阜先聖舊宅，自魯共王後但有增葺，莽、卓、巢、温之徒，猶假崇儒，未嘗敢犯。至金寇遂爲煙塵，指其像而詬曰：「是爾言夷狄之有君者。」中原之禍，自書契以來未之有也。

參政孟庾夫人徐氏有奇疾，每發，於見聞即舉身戰慄，至於幾絶。其見母與弟皆然，母至死不相見。又惡聞徐姓及打銀打鐵聲。嘗有一婢，使之十餘年，甚得力，極喜之。一日，偶問其家所爲業，婢曰：「打銀。」疾亦遂作，更不可見，竟逐去之。醫祝無能施其術，蓋前世所未嘗聞也。（《雞肋編》）【八】

余家故書有吕縉叔夏卿【九】文集，載《淮節婦傳》云：婦年少美色，事姑甚謹。夫爲

【八】雞肋編　本條底本及諸校本皆脱出處，查原文補。

【九】縉叔夏卿　原作「晉卿夏叔」，諸本同，查《宋史》卷三三一有吕夏卿傳，其字縉叔，據改。

商，與里人共財出販，深相親好，至通家往來。其里人悦婦之美，因同江行，會傍無人，即排其夫水中，夫指水泡曰：「他日此當爲證！」既溺，里人大呼救，求得其尸，已死，即號慟，爲之制服如兄弟，厚爲棺斂，送終之禮甚備。録其行槖，一毫不私，至所販貨得利，亦均分著籍。既歸，舉以付其母，爲擇地卜葬，日至其家，奉其母如己親。若是者累年，婦以姑老，亦不忍去。皆感里人之恩，人亦喜其義也。姑以婦尚少年，里人未娶，視之猶子，故以婦嫁之。夫婦尤歡睦，後有兒女數人。一日大雨，里人者獨坐簷下，視庭中積水竊笑。婦問其故，不肯告，愈疑之，叩之不已。里人以婦相歡，又有數子，待己必厚，遂以誠語之，曰：「吾以愛汝之故，害汝前夫，其死時指水泡爲證。今見水泡，竟何能爲？此其所以笑也。」婦亦笑而已。後伺里人出，即訴於官，鞠實其罪而行法。婦慟哭曰：「以吾之色而殺二夫，何以生爲！」遂赴淮而死。（《雞肋編》）【一〇】

寇萊公詩若「野水無人渡，孤舟盡日横」之句，深入唐人風格。初授歸州巴東令，人皆以「寇巴東」呼之，以比韋蘇州之類。然富貴時所作詩，皆淒楚愁怨。嘗爲《江南春》二絶云：「波淼淼，柳依依，孤村芳草遠，斜日杏花飛。江南春盡離腸斷，蘋滿沙汀人未歸。」又曰：「杳杳煙波隔千里，白蘋香散東風起，日落汀洲一望時，愁情不斷如春水。」余嘗竊謂，深於詩者盡欲慕唐人，清悲怨感以主其格，語意清切，脱灑孤邁，不知清極則志飄，感深則氣謝。萊公富貴時，送人使嶺南云：「到海只十里，過山應萬重。」人以爲警

【一〇】雞肋編　本條出處原爲《杜陽雜編》，作者唐代蘇鶚。正文謂出自吕縉叔集，吕爲宋仁宗時人，本條見於今本《雞肋編》，據改。

絶。晚竄海康，至境首，雷州吏呈圖經迎拜於道。公問州去海近遠，曰：「只可十里。」憔悴犇竄，已兆於此矣。予嘗愛王沂公曾。布衣時，以所業贄呂文穆公蒙正卷有《早梅》句云：「雪中未問和羹事，且向百花頭上開。」文穆曰：「此生次第已安排作狀元、宰相矣。」後皆盡然。（《湘山野録》）

范文正公謫睦州，過嚴陵祠下，會吴俗歲祀，里巫迎神但歌《滿江紅》，有「湘江好，洲漠漠，波似染，山如削，遶嚴陵灘畔，鷺飛魚躍」之句。公曰：「吾不善音律，撰一絶送神。」曰：「漢包六合網英豪，一箇冥鴻惜羽毛。世祖功臣三十六，雲臺爭似釣臺高。」吴俗至今歌之。（《湘山野録》）

太祖皇帝將展外城，幸朱雀門親自規畫，獨趙韓王普特從幸。上指門額詢普曰：「何不祇書『朱雀門』，須著『之』字？」普對曰：「語助。」太祖笑曰：「之乎者也，助得甚事！」（《湘山野録》）

謝石潤夫，成都人，宣和間至京師，以相字言人禍福。求相者但隨意書一字，即就其字離拆而言，無不奇中者。名聞九重，上皇因書一「朝」字，令中貴人持往試之。石見字即端視中貴人曰：「此非觀察所書也。」然謝石賤術，據字而言，今日遭遇即因此字，黥配遠行亦此字也。但未敢遽言之耳。」中貴人愕然，且謂之曰：「但有所據，盡言無懼也。」石以手加額曰：「『朝』字離之爲十月十日，字非此月此日所生之天人，當誰書也？」一座盡驚。中貴馳奏，翌日召至後苑，令左右及宫嬪書字示之，皆據字論説禍福，俱有精理，錫賚甚厚，并與補承信郎。緣此四方求相者其門如市。有朝士其室懷姙過月，手書一「也」字，令其夫持問石。是日，座客甚衆，石詳視字，謂朝士曰：「此閤中所書否？」曰：「何以言之？」石曰：「謂語助者，焉哉乎也，固知是公内助所書。尊閤盛年三十一否？」曰：「是也。」「以『也』字上爲三十，下爲一字也【一一】。」「然吾官寄此，當力謀遷動，而不可得否？」曰：「正以此爲撓耳。」「蓋『也』字着水則爲『池』，有馬則爲『馳』，今池運則無水，陸馳則無馬，是安可動也？又尊閤父母兄弟、近身親人，當皆無一存者。以『也』字著人則是『他』字，今獨見『也』字，而不見人故也。又尊閤其家物産亦當蕩盡否？以『也』字着土則爲『地』字【一二】，今又不見土也。二者俱是否？」曰：「誠如所言也。」朝士即謂之曰：「此皆非所問者，但賤室以懷姙過月，方竊憂之，所以問耳。」石曰：「是必十三箇月也。以『也』字中有十字，并兩傍二竪，下一畫，爲十三也。」石熟視朝士曰：「有一事似涉奇怪，固欲不言，則吾官所問，正決此事。可盡言否？」朝士因請其説，石曰：「『也』字着虫爲『虵』字，今尊閤所姙殆蛇妖也，然不見蟲蟲，則不能爲害。謝石亦有薄術，可爲吾官以藥下驗之，無苦也。」朝士大異其説，固請至家，以藥投之，果百數小蛇，而體平。都人益共神之，而不知其竟挾何術也。（《春渚紀聞》）

蘇子瞻泛愛天下士，無賢不肖歡如也。嘗言自上可以陪玉皇大帝，下可以陪悲田院

【一一】下爲一字也　「爲」原作「嵩」，據四庫本及原出處《春渚紀聞》改。

【一二】以也字着土則爲地字　「土」原作「上」，據四庫本及原出處《春渚紀聞》改。

乞兒。子由晦默少許可，嘗戒子瞻擇交。子瞻曰：「吾眼前見天下無一箇不好人。此乃一病。」子由監筠州酒税，子瞻嘗就見之，子由戒以口舌之禍。乃餞之郊外，不交一談，唯指口以示之。（《滄浪野録》）

荆芥穗爲末，以酒調下三二錢，凡中風者服之，立愈，前後甚驗。是日，順兒疾已革，以酒滴水中，調服之，立定，真再生也。（《魯公談録》）

治走馬疳方：用瓦壟子比蚶子差小，未經醬淹者。連肉火煅存性，置冷地，用盞子蓋覆，候冷取出，碾爲末，乾滲患處。

瘡疹黑陷者，用沉香、乳香、檀香，不拘多寡，於火盆内焚之，抱孩兒於煙上薰，即起。

馬蹄燒灰，入鹽少許，滲走馬疳患處。

治惡瘡，取冬瓜一枚，中截，先以一頭合瘡，候瓜熱，削去再合，熱減則已。

治破傷風，用黄連五錢、酒二盞，煎至七分，入黄蠟二錢同煎，和滓服。

治惡瘡，用蒜泥作餅，疾上灸。不痛者灸，痛即止；痛者灸【一三】，不痛止。

小兒耳後瘡，腎疳也。地骨皮一味爲末，麤者熟湯洗，細者香油調搽，良。（已上《神秘方》）

温州有土地，杜十姨無夫，五髭鬚相公無婦，州人迎杜十姨以配五髭鬚，合爲一廟。杜十姨爲誰？杜拾遺也；五髭鬚爲誰？伍子胥也。若少陵有靈，豈不對子胥笑

【一三】痛者灸　「灸」原作「炎」，據四庫本及道光本改。

曰：「爾尚有相公之稱，我乃爲十姨，何雌我邪？」

有自中原來者，云北方有牛王廟，畫百牛於壁，而牛王居其中間。牛王爲何人？乃冉伯牛也。嗚呼！冉伯牛乃爲牛王！（《隨手雜録》）

「逕庭」出《莊子》，庭，勑定反，言激過也。今人多讀作亭。「膠擾」出《莊子》，膠音攪，今多讀作交。「蕞爾」出《左傳》，蕞，徂外反，小也。今多讀作撮。「綸綍」出《禮記》，綍即紼字，今多讀作孛。「隃度」出《漢書》，隃音遥，今多讀作踰。「墨床眠娗」出《列子》，墨音眉，床音癡，言媚佞相諛悦也；眠音緬，娗音腆，言柔膩不決裂也。

大觀三年五月，天子視學。學官孟翊袖出卦象一軸，以爲本朝火德，當中微有再造之象，行將見之，宜有大更革。上怒，編管海州死。後七年，金人入寇，高宗中興。（《吹劍續録》）

◉馬 純撰

陶朱新録

程 郁 整理

點校説明

《陶朱新録》，一卷，馬純撰。馬純，字子約，自號樸樕翁，單州成武（今屬山東）人。生平不詳，據劉一止《苕溪集》卷四十六外制詞，紹興中曾爲江西轉運副使。自序作於紹興十二年，致仕後居諸暨陶朱鄉，搜今昔見聞作此書，「凡譏訕詩謾，悉不録焉」。然《建炎以來系年要録》卷一六二載：紹興二十一年閏四月己酉，右正言章廈論馬純，自福建罷歸寓居諸暨縣，「常出怨言，輒議時政，每賓客，往往多言朝廷政事得失」，因「落職，依條致仕，令汀州居住」。而據《浙江通志》，馬純葬于諸暨。

此書于宋僅《遂初堂書目》小説類著録，但無作者名，亦無卷數；另見於《文淵閣書目》與《千頃堂書目》，書名小異。而宋《清波雜志》有一條稱出自樸樕翁《陶朱集》，則知此書宋人已見。所載皆宋時雜事，大抵涉於怪異，與洪邁《夷堅志》相類。末附《元祐黨籍碑》歷來爲史家所重，但與全書體例相異。《四庫提要》以爲碑中黨人之一馬默爲馬純祖，宋南渡以後，士大夫以元祐黨家屬爲榮，因而載是碑自稱。

本次校點，以民國四年上海文明書局石印《廣四十家小説》本爲底本，校以《四庫全書》本與宛委山堂《説郛》本。末《元祐黨籍碑》校以現存于桂林的宋碑拓文（據《桂林石刻選》，廣西人民出版社一九八〇年），參以傳記等資料。因底本碑文中人名錯字過多，錯字用括弧標出。

序

樸樕翁，單父人也。建炎初，避地南渡，既而宦遊不偶，以非材棄，遂僑寄陶朱山下。因搜今昔見聞，裒綴成帙，目曰《陶朱新録》。凡譏訕誖謾，悉不録焉。紹興壬戌孟夏序。

校勘記

紹興間，臨安府教授許叔微，字知可，真州人。家世通醫，常以藥施人。知可既獲納薦，將試之夕，夢人遺詩云：「藥餌陰功，陳樓間處，殿上呼盧，喝六作五。」莫曉所謂。已而預禮部奏名，廷試中第六名，陳祖言下名樓材。俄以文理優長，升作第五，果符所夢。唱名日殿上傳呼謂之臚傳，故云呼盧，借爲臚也。

呂吉甫知維揚日，有呂川者，賣詩於市，句有可採者。常與吉甫賡和，有《贈吉甫姪注少卿》詩。注好道清修之士也。詩云：「峨眉月浸千秋雪，太華峰摇十丈蓮。一見昇平【一】玉清客，雪蓮聲價頓銷然。」又有《贈致仕郭朝議》詩云：「漫道任公釣有神，六鼇無迹海生塵，寧知靜卧南窗下，蘭菊任爭秋與春【二】。」

有人題詩於太行山石壁上，或以爲仙，云：「太行千里連芳草，獨持【三】一杯天地小。醉卧花間人不知，黄鶯啼破春山曉。」

王將明作館職時，夢隨一道人行山間。長松夾徑，松根有故竈遺址。俄至一室，塵埃盈尺，壁上掛一拄杖僧笠。道人拂壁間塵，有詩云：「白髮高僧苦愛山，一瓶一鉢老山間。只因窺井動一念，從此松根丹竈閑。」道人曰：「此汝昔所居也。」將明意欲留，曰：「未可。」遂覺。次日，館中曝書，偶取一小説，其間記婦人窺井生子事，話其夢於衆。

靖康間，京城破。有賈舍人者甚儒雅，無金帛子女之畜。嘗題一絶於壁云：「愁見干戈起四溟，恨無才術濟生靈。不如痛飲中山酒，直到太平方始醒。」

【一】昇平　「昇」原作「坦」，據四庫本改。

【二】寧知靜卧南窗下蘭菊任爭秋與春　「寧知」四庫本作「爭如」，「任爭」作「從教」。

【三】獨持　「持」四庫本作「酌」。

内侍童師敏，貫之養子也。爲太師蔡京府承受，每有奏請，傳達御前。政和六年春，師敏從駕過延福宴飲，是日，不果到府第，以狀申白京。京以絶句答之云：「聞説羣花爛漫開，知君醉賞不能來。臨風對酒空惆悵，不得相從把一杯。」後十餘日，上召輔臣曲宴焉。

蔡京作相，大觀間，因賀雪賜宴於京第，庖者殺鶉子千餘。是夕，京夢羣鶉遺以詩曰：「啄君一粒粟，爲君羹内肉。所殺知幾多，下筯嫌不足。不惜充君庖，生死如轉轂。勸君慎勿食，禍福相倚伏。」京由是不復食。

史徽東美，大觀間題南京道河亭上云：「縠雨初晴緑漲溝，落花流水共沉浮。東風莫掃榆錢去，爲買殘春更少留。」

靖康間，京畿士人往往南竄。鄧州南陽縣驛，有女子字書青婉，留題於壁云：「流落南來自可嗟，避人不敢御鉛華。却思當日鶯鶯事，獨立東風霧鬢斜。」

張彧字景安，文潛之子也，俊邁有家聲。一日，赴調得蔡州榷山市易務，方欲出京。當宣和間，景龍門燈火極盛，晁公道【四】自潁昌來潛觀。遇之途，景安欲拜，而止之曰：「豈非小字僧哥者乎？」曰：「是也。」乃邀登酒樓，飲酣，贈以詩曰：「壁水衣冠明玉雪，市樓風月話江湖。莫學羣兒敗家法，入門無不曳長裾。」景安，建炎中爲陝府教授。

吏部侍郎陳彦修，有侍姬曰小姐。氣羸多病，所服率鐘乳、丹砂，睡則多異夢，於園囿游處動作，别是一塵寰也。多向骨肉言之，醫者引神農書云：「臟虚多夢。」亦不以爲異。

【四】晁公道　「晁」原作「見」，據四庫本改。

宣和間，一夕夢少年後升酒樓，飲酣，少年執板，歌以侑酒。覺猶記云：「人生開口笑難逢，富貴榮華總是空。惟有隋堤千樹柳，滔滔依舊水流東。」姬後生子名章，爲廣南郡倅。

張乖崖與傅逸人有舊，誘之仕。傅曰：「薦已是相許也。」遂止。開寶中，張與傅會於韓城，終夕談話，諸隣病瘧者皆不發。故乖崖公有詩云：「每憶家園樂，名賢共里閭。劇談祛夜瘧，幽夢得鄉書。漸長性情懶，隔年音信疎。終嫌累高節，不得薦相如。」傅每發家書必先夢，故云。又予外祖母文氏，潞公之女也。凡見潞公花押，必剪收，云：「能愈痁疾也。」

黄定者，於紹聖間，有以牛目司馬温公者。因作《冤牛文》曰：「華州村民，往歲有耕山者，日晡疲，某遂枕犁而卧。乳虎翳林間，怒髭摇尾，張勢作威，欲噉而食之。屢前，牛輒以身立其人之體上，左右以角抵虎甚力。虎不得食，垂涎至地而去。其人則熟寢，未之知也。虎行已遠，牛且未離其體，人則覺而惡之，意以爲妖。因杖牛，牛不能言而奔，輒自逐之，盡怒而得。愈見怪焉，歸而殺之，解其體，食其肉而不悔。夫牛有功而見殺，盡力於不見知之地，死而不能以自明。向使其人早覺，而悟虎之害己，則牛知免而獲德矣。惟牛出身捍虎於其人未覺之前，此所以功立而身斃。嗚呼！觀此可以見矣。天下之害甚於翳虎，忠臣之功力於一牛，嫌疑之猜過於伏體，不悟之心深於熟寐。苟人主莫或察焉，則忠義之恨，何所自別哉！傳稱妾佯僵而棄酒，上存主父，下存主母，猶不免於笞。固有忠義獲罪，言猶諒夫！客有目牛之事，親過而弔焉。余聞其語，感而書冤牛云。」又自跋云：「是牛也，能捍虎於其人未寤之前，而不能全其功於虎行既遠之後，其見殺宜哉！」

陳君嚮少年在京，悦一小鬟。有詩云：「無情今古垂楊岸，客舍不禁風絮亂。他年若解拂人頭，只恐青青顔色换。」又有《春色新晴》詩：「雨過園林春半時，新晴花卉弄妍姿。有情紅蕋凝烟重，無力青條帶露垂。解后酒杯成獨酌，艱難觴豆與誰携。看今盡訝回鑾仗，獨恨青青嫩柳枝。」末句多不曉所謂，時君嚮七十餘，迎駕道旁，蓋有所覩云。

岳州有道人，衣冠甚偉，市人有指笑者，因競入至郡。郡將令當直司問狀，道人援筆書曰：「無事乘閒入洛陽，便蒙州主問行藏。家居北斗魁罡下，劍挂南辰月角旁。」衆異之，趨呈守，守急召之，已失所在。

文潞公爲越之諸暨宰，鼓樓新成，書一絶于上。曰：「挂向樓頭一任撾，撾多撾少儘從他。黄紬被裏貪春睡，舒出頭來道放衙。」有不相喜者，以詩達時相吕文穆公，意其不事事，欲中之也。文穆見詩曰：「此人有宰相氣。」榜客次云：「候越州諸暨知縣文彦博到，即時轉報。」文公罷官歸，銓曹有人告之，公不肯往見。或者再三勉之而往，文穆一見大喜，出諸子拜之。曰：「他日皆出陶鑄。」又出文靖見之，曰：「此子他日與公同秉政。」後皆然。

解州安邑鹽池廣數舍，中有大渠，作畦種鹽於渠旁，畦下結鹽爲底，厚數尺。每日暮引渠水平渠，次日昧爽前，即有大風起於池上，謂之南風。天欲明，風止，畦水皆成鹽矣。去池數步即無風，但聞其聲。渠水之源曰「溺金泉」，出夏縣界。有巫咸河，自夏縣東南巫咸山旁谷中來【五】，此水能敗池鹽，故作堤防之。南風蓋無日無也。

西洛自天津橋東至下浮橋，謂之「聚寶灘」，多美石，間得瑪瑙。司馬温公獨樂園在水南，其孫楨濬井，獲塊玉于其下，爲璞極美【六】。蓋洛陽水南北池中皆有寶，而河灘特爲水蕩滌而見，故得名焉。

蔡君謨爲諫官時，父母留鄉里。因通家信云：「諫官不是穩當的差遣，若緘口不言，則辜負朝廷。願大人勿憂也。」筆法勁密，在其孫伸字、伸道處，名公題跋甚多。

王恩太尉自親事官出，上皇時爲三衙。其夫人爲買妾，甚美。恩方詣之，見恩髀間雕青，驚指曰：「此何物也？」恩忽自失而回，謂夫人曰：「所買何等人？必良家子。」遂訪之，妾具言母縣主也，父死貧，故見鬻。乃呼其母至，不肯言其實。又諭之曰：「不要爾還直顧【七】，但言之。」方道其事，與妾同。恩遂呼諸小史之未婚者，令妾與母自擇配，得一少年，其家亦仕宦，父爲右職。即命歸白其父，具聘禮，恩又以數百千爲資送奩具，戒其婿使善奉其妻之母焉。噫！恩本一卒，而有士君子之行，宜其貴也。

西施古名姬，多不知所謂。蓋越之蕭山、諸暨之間，有東施、西施二村，至今猶存。蓋西子生於西村者也。

【五】自夏縣東南　「東」四庫本作「西」。

【六】爲璞極美　「爲璞」四庫本作「無瑕」。

【七】不要爾還直顧　「直」原作「自」，據四庫本與《説郛》商務本改。

王彬燦然爲予言，宣和間，沿檄至金州石泉縣，縣在亂山深處。有異人，古貌美髯，皂袍韋帶，游城市間，暮即歸，行之不可及，皆莫知其甲子。道人云：「山間如此者有十餘輩，其二常出至邑中，傳數世見之。余但聞樵牧者時相遇耳。」又商於諸山，舊傳多異人，蓋其地靈秀而然。有一山樵者，嘗聞音樂聲。宣和乙巳春夏間，其山崩，出一洞穴，層級而下，往往有石榻、石椅之類。初級有石龍，首吐雜色藥圓，前一石人以柈接之，皆如生成。第三級寬博如十餘間屋大，其下尚遠，人未敢遽往也。不知何名，似在上洛縣中。

王繹思和隱於醫，宣和間，道教興，嘗作侍宸。舊姓姚，號丹元子，能詩，東坡詩集中所謂「姚丹元」者是也。或云數百歲人，屢易姓名，周流人間。予嘗識於山陽，然不見其異，但云能幻術。有林審禮，作河南宫教，其叔與思和甚密，言異處甚多，如鍾離、吕公，皆與往還。一日，其叔臨啓手足，治命其子因思和求荆南日華先生爲薦福。思和乃以書，令林子躬詣先生。既至，先生方負暄屋角，即拜之，不顧而入。林子日親其門，幾半月，忽召入，令具香燭、肴醴之屬，命黄冠設科儀如常。已事，夢其父曰：「吾今得爲華陽散民。」其子乃辭先生歸。抵京，謁思和不值，其家云：「適與一道人飲玉樓未歸。」乃往就見之，方欲前致謝，思和迎曰：「且喜賢尊已作華陽散民矣。」又欲拜之，輒止，令先拜席面一美髯道人。道人曰【八】：「只今往奉謁。」飲散，林子歸詢其僕，未嘗有人投謁也。乃就枕小憩，偶舉枕，見下有字，視之云「鍾離來」，始知向髯道人乃鍾離公也。思和間與林靈素不

【八】道人曰　「道人」二字原脱，據四庫本補。

合而死，或云爲靈素所毒。思和亦嘗先謂人曰：「不可住矣，又須且去。」人有求長生術者，即勉人以忠孝，云自當得之。或以謂謫仙人，然有妻子，與常人無異，爲醫官，出入權貴之門，中間亦嘗編置山陽。

河南監酒范伯言與予云，其先蜀人，同孟昶歸朝。過棧閣，一女墜閣道下，衆語已死，迫行，無如之何。後二十餘年，女之昆弟有宦于蜀者過女墜處，聞人云，近有女子時出獨行閣道下，諸范意其妹也。秩滿代還，果與相遇。云：「初墜時，爲所乘轎左右護藉之，至地偶得不死，食草木根苗，渴飲澗水，閑即兀坐，念何當得出。積思精專，久之，不覺隨念身已登棧道矣。自後意有所往，身輒飛至。」兄弟欲與之歸，云：「此間甚樂，不願歸也。」欲强邀之，忽望遠峰飛去，遂不見。

郭行，字思誠，不知何許人，自云舉進士不第，遂學道，不食，惟飲酒。先祖馬默也。知鄆之項城縣日，惠然見訪，素昧平生，一見如舊。乃云：「與秘丞前生同隱華山。」來時，先祖官秘丞也。後郭死期年，有戍兵還自陝右，過華陰見郭，託附書並詩與先祖云：「汶上歡然喜再逢，爲言相憶白蓮峰。死生決定歸真性，歲月休教改舊容。漫把文章添野録，奈何官爵自天鍾。南山記得登臨處，閑却烟雲千萬重。」因發其墓，惟杖屨而已。書中云：「非晚復得相見。」先祖謂物故，頗恐。已而壽至八十一，康健無病。豈仙家所謂非晚旦暮之謂也？先祖有《思郭真人》詩云：「郭也三峯秀，文章似性淳。汶陽初識面，謂我舊相親。題詩敘游隱，於今經幾春。有家歸未得，西望涕沾巾。」又《題華山圖》云：「南山南面五千仞，瀑布飛來自山頂。真人言我昔曾登，爭奈今生都不省。」「華山北面始披圖，萬仞千峯一二殊【九】。長記真人言向我，曾登山頂看寰區。」

鳳翔太守邵龥仲恭信事于仙姑，即于真人也。其人甚異。一日，本司幹官湯東野沿檄自京回至鳳翔境上，憩于村邸。忽見一婦人，携十六七女子行于田野中，隱約似于真人，遂令虞候邀之。曰：「未暇往見，懇到鳳翔致意龍圖【一〇】。」謂邵公也。湯至府謁邵，道其事，邵曰：「真人寢于某家，今數日未覺。」因同往視之，方酣睡室中，凝塵滿席。又數日，真人睡起，邵詢以野店所見，云：「向有木筏提舉在此，如龍圖相待極厚，有一女久病，令某治之。某告以止數年人爾，亦不須醫，俟數盡，待與將去一佳處。今聞乞死，往實前言也。」又問：「將往何處？」不答。自此聲益著，後召赴闕，不肯往。宣和間，羽化于陝西。有《大洞真經》傳于世，真人所行術也，《道藏》固有此書而不全。

奉議郎開封王梁才元，與諸弟侍母仁壽郡主，靖康丁未秋自汴泛舟抵京口。艤舟錨內，遇辛道宗下軍叛，大掠城中。解舟欲出，而官綱塞河，遂不通行，老幼七十餘口號泣。盡日晡，羣盗大呼于岸，以金誘舟人，令告骨肉所在。才元舉家志誠誦大聖救苦觀世音名號及大悲神咒，求哀請救。次日，賊登舟，囊槖一空。又次日，賊搜掠婦女，時妻女輩皆匿避船隅，舟人有告之者，賊刃刺隅中，皆不中，亦不見有人，乃反捶告者，以爲誕而去。至

【九】萬仞千峯一二殊　四庫本作「萬壑千峯一一殊」。

【一〇】懇到鳳翔　「懇」原作「恐」，據四庫本改。

辰時，滿船紅光赤然，須臾光中見大聖，以真珠帽冠其頂，謂曰：「我來救汝一家。」即隱不見。又少頃，有紅巾之士，持竹絲盒一枚來，云：「統制令傳語，無驚恐否？」發盒中，皆新荔子也。午間，其渠魁姓郭李人同來相見，撫存備至，仍揭榜禁其侵掠【一一】，追取所失銀物，得百五十星【一二】，乃自陳願以其餘犒軍，實避禍也。二渠既去，繼以羊來爲惠，又有問勞人來。凡月餘脱禍，盡室安然。初非親舊，不知何以得此，咸謂大士陰相之力。才元乃鏤板廣其事，勸人持號。

處州都監廳白直兵士，得牛肝一片，破之，覺有物墜刃下，視之，舍利滿中，一一圓明如小石子，亦異矣。

内宫人有物故者，皆殯奉先寺，四時遣中使致祭。歲久，立冢壘壘相望。一日，中使在彼方饌祭食，監庖小吏假寐堂上，彷彿見數尼鬅鬆相倚，出半身於屏間，驚覺，即無所見，乃復寐如初。頃之，又出，且拊掌笑相語曰：「又睡矣。」小吏乃大呼起逐之，忽失所在，但躡袈裟斷落一角在地，即非夢也，雖異之，亦不甚畏。蓋其處素多怪，人以爲常。至暮，又出一黑手于幕下，取所割肉屑而去。庖人大驚，喧呼久之乃定。翌日，視幕外有遺肉，因迹之，入院後一土室而盡。募人入其中，有一物卧地上，人形，枯黑如腊。遽命舁出，乃一婦人，喘喘然尚有生意，手猶持肉屑。徐哺之以粥飲，經宿始能語。云：「我院中林家婦，夜爲人引至此，不知歲月久近，每餧即出取食，亦不覺身之去來也。」遂訪之寺

【一一】持竹絲盒……禁其侵掠　此段文字四庫本作「持紅色合一枚來云：『統制令傳語，無驚恐。』視之乃辛道宗之子也。午間其渠魁姓郭李人，同餘賊並散。官軍至，仍揭榜禁其侵掠」。

【一二】得百五十星　四庫本作「得百分之十」。

前，果有民家云失婦【一三】已數年，不知其鬼誘去。即送回家，月餘方死。

通判監酒趙詩者，昔在學校，嘗因學友方熟寐【一四】，與衆戲以香燭、花果、枝鑷之類，設供於卧榻前，而潛伺之。寢者既覺，見之曰：「我已死耶？」噓唏不已，少頃復寐，久不復起，視之真死矣。乃撤供設之物，竟不敢言其所以於人。豈乍覺見此，驚散神魂，遂不復還幹也耶？事有不可知者。

伊陽深山中有黑松山，平高四十里，其上皆大松。有二株尤大，一號大將軍，一號小將軍，大者圍絹三疋，小者圍一疋。木客取材于此者，皆祭之，以絹圍訖，造幡挂其上。政和間，求明堂柱，而邑官以無中程者聞。既而有人告發，云：「大松不可出【一五】，小松可取也。」乃命告者以官，而令佐皆謫。已伐之，亦不可出，告者尋死。今獨大將軍尚在，而小者委於山間。惜哉！

崇甯間，單州之成武民屠牝豕，得物于豕腹。破之，乃象也。

大觀間，家府監杭之商税院，攝職官行縣至昌化。聞邑人云，頃年山中居民一夕聞虎鬭聲，中夜忽大吼數聲，遂寂然。及曉視之，見二虎頭、八蹄而已，疑其方鬭，别有猛獸遇而兩食之。後數年，果有人見異獸于山中，金毛五色，如所畫獅子，是必食虎者也。竟不知其爲獸之何名也。

劉豫改奉符縣爲泰安軍，近縣數處神祠，忽傳請藥輒得，病者折空紙於案上，焚香祈

【一三】云失婦　「云」原作「去」，據四庫本改。

【一四】學友方熟寐　「學友方」四庫本作「祭丁」，《説郛》宛委山堂本作「齋生」。

【一五】大松不可出　「松」原作「小」，據四庫本改。

拜，起視之，必有藥，服者尋愈。任輔之公弼時宰奉符，驗之不謬。如是半月餘，方止。

大觀間，有龍起於錢塘龍山石橋下，天宇澄霽，萬目共覩。方起時，以後足挈一巨石俱升，至半空跳玩一食久，忽委石徑去。巡檢者亦出觀，適至庭下，會石墜，遂震死之。

紹興九年四月，會稽報恩廣孝寺浮圖災。先是，有童行爲軍中掠爲兵，已而逃歸，因留洒掃塔下。一日，聞其上恟恟之聲，登塔視之，復聞在上，歷數級，顧視其下火已起矣。計窮，乃仰穿至天門登相輪，而火漸迫，益急。仰見一朱衣人，鐵冠赤面黄髯，立其杪，遂哀祈之。朱衣人俯曰：「閉目，抱相輪，大呼三聲即免。」如其言，聲絶而塔心木折，相輪墜，擲其人於旁舍屋背上，雖瞢然如醉，而畧無傷。時救火兵民皆聞塔上有呼聲，一兵官坐胡牀監護于其下，偶起，直胡床兵士適至，而值相輪落，碎首而死。次日，相輪猶熱甚，不可向近，而逃兵抱持之初無所損。非物陰相，能無傷乎？

紹興己酉，永嘉災。前數日，有熊自楠溪至江滸，躍入小舟，渡至城下，初不懼人，命獵士殺之。時高開府世則寓城中，謂其倅趙元蹈曰：「熊於字爲能火，郡中宜慎火。」趙笑，不以爲然。果延燒官民舍十七八，獨州治存焉。

永嘉瑞安縣南有大江，濶與錢塘相埒，去海門甚近。土人云，昔年大雨中有二龍，一青一白，鬭於波中，湧浪如山。鬭不已，雨益甚，水大漲，民甚恐。忽見一金龍自海門來，其大數倍，二龍望見皆遁。金龍至江心，亦没於水，雨乃止，風浪息，民始安。

漢州舉子王文昌，政和間在鄉里讀書於南禪寺。後山有古木甚巨，其中隱隱常有笙簫聲，間聞龍麝氣。一日，雷震樹中，有白龍騰出，若巨練縈紆霄漢間，木尋死。

雷氏女子十餘歲，日戲庭中刹竿下。一日，忽於土中得新黄銅錢十餘，自是日有所得，幾月餘，凡得錢數環，他人無復獲也。

從伯馬伯者，任青州益都尉。交代乃老舉人也，云初在鄉里菴居郊外。一夕，有盜雨中穿窬入，乃謂之曰：「汝冒雨夜穴壁良苦，度汝必不得已也。」盜以實告曰：「我非素爲盜，我營卒也，博輸軍號，不敢歸，乃來相擾爾。」尉曰：「吾有絹二疋。」因取贈之，啓户出之，盜拜謝去。詰旦，又詣營爲請于軍校，得不治其罪，亦不言其爲盜也。次舉，知友勉就試，猶豫間，卒又出燈下。尉曰：「何復來耶？」盜曰：「某自前年蒙秀才恩惠，自誓死生必相報。今不幸殁於軍前，知秀才欲赴舉，故來。」遂失所在。既而赴舉，試前盜以所試題送出，累場皆然，悉不謬，果獲薦。至南省亦然。迨陛試，卒又形見，曰：「内中某不敢入矣，秀才勉之。」已而登第，卒又出曰：「若遇益都尉不可不受，有數人負命者在彼，至時某亦當彼相助。」後果尉是邑。到官未幾，有告羣盜聚某村中，尉率衆往捕，會馬駿，尉與廳吏先至，羣盜皆就執，乃叱令遞相反縛畢，而部衆方至。盜驚曰：「向見馬後甲士百餘人，某故不敢動，所以束手也。」

靖康間，都尉錢景臻既捐館舍，而火焚其第。蔡京賜第在梁門外，即閶闔門也，南臨汴水，北枕通衢，連楹千百，壯麗冠天下。時籍没入官，乃借錢氏大長公主居之。未幾，頗見怪，車椅之屬皆白晝自行。一日，有栲栳歷階而上，周流堂廡數匝，忽舍於中堂。錢氏子弟婢妾環視，莫敢近。遂呼小吏輩令舉之，凡數人方能動。其下一婦人，髻子紅巾約之，膏澤光潤，如新沐狀。衆大駭異莫測，栲栳遽復自合，相顧之間，已失所在。

紹興間，察判白彦行新昌山中，見一大蜈蚣，潤數寸，長丈餘，絶道登山而去。從者爲之留，少頃方敢行。

平陽縣廨中多鬼，出爲怪。鄭櫟年宰是邑，好飲，一日醉歸，有一婢掖至中堂，坐榻上，因舉扇囑婢揚風。凡數扇，婢忽擲扇于地曰：「無恁地工夫。」言訖不見，始知鬼也。本欲玩人，反爲醉令所役而去，亦可笑也。

僕妻姑之夫鄭參秉義言：政和中，監中山府甲仗庫，目擊一醫者爲市人執以爲盜，不承，忿爭至府。醫者云：「去年以醫入山中，行一十里，越一嶺，嶺下山川奇秀，忽一猴挽驢，不可却，竟與之入道左山溪中。無復徑路，行二十許里，見泉石清麗，復有猴千百爲羣，跳擲巖谷間。至一石室，有巨猴卧其中，如人長。察其有疾，且異其事，乃爲視脉，又内自謀曰，不過傷果實耳。既示之【一六】，猴首肯，似曉人事。遂以常所用消化藥餌四五粒輒利者，與之盈掬，飲以澗水。恐猴久必爲患，故多與藥，因欲殺之也。復令一猴送出。既歸，不敢再經其地，意猴必死，恐爲羣狙所讎。年餘，偶至山中，果一猴復來引驢，察無

【一六】既示之　「示」原作「於」，據四庫本改。

他意，遂與俱行。至前石室，病猴引其類自山而下，見之大喜，跳躍于前。衆猴爭索藥，所携悉分與之，至空笈。病猴乃以白金數十星【一七】、衣兩袱贈之，令向猴導以歸。某鬻衣于市，遂與市人見執，實非盜也。願從公皂行驗之。」帥異而許之。至挽驢山間，大呼曰：「猴，我愈爾疾，而反禍我！度爾必有靈，豈不能雪我耶？」俄一猴出，初不畏人，從吏與俱入府中，猴啁哳廳下，指畫若辯理者。帥大奇之，即以衣銀還醫者，猴亦奔而去。

政和初，郭待制照晦之守青社，其子堯咨字獻可者，居東廡外書院中。一日，雨過地微潤，乳媪忽陷足於地中，足出而鞋落。因俯首取之，鞋稍入地，乃探取之，至不可及。遂白獻可，命數卒掘地取之，望雖見，終不得鞋。

宣和壬寅、癸卯歲，每夏洛中輒有物如熊狀，又如十五六小兒，蓬其首，往來城市間，昏夜即出，飛空而至，號曰「黑漢」。往往入人家，婦女小兒遇者，至有被抓傷致驚癇疾，民間傳以爲畏。故庭户多張燈燭，及設柳梃以却之。予外祖母，文潞公女也，時居清河，目睹其怪。初聞如千萬小鈴聲，又如一小兒呼聲【一八】，少頃，庭下如重霧所張，却怪燈皆暗無光。又須臾，怪自空下，其狀如熊，目光射人，左右瞻顧，復騰而去。亦有密捕得者，捶之如擊糠囊，以刃刺之，往往反中其家人，由是莫敢害。河南尹范致虚遣使醮于嵩岳，乃絶。先鞏縣有石炭坑，相傳有炭精，時出驚擾人，村野畏之。形如人，長丈餘，裸而黑，因目曰「黑漢」。洛人疑是此怪，故亦謂之「黑漢」。

【一七】數十星　四庫本作「數十匣」。

【一八】又如一小兒呼聲　「一」四庫本作「百十」。

先祖元豐間仕廣西漕計，時經交寇。熙甯八年，入省地作過，屠邕州等諸郡無遺類，凶焰甚酷，廣人畏之。相去未久，又傳交人起兵，郡遣人覘之。云是交州界峒中梹榔木忽生瘿，漸大，俄聞其中有啼聲，峒丁因剖視之，得一兒，遂養於家。及長，乃一美婦人，婉若神仙，即獻之峒主。交人求之不與，於是舉兵伐峒滅之，保其女而去，號曰「檳榔女」。

顔公弼存道，元祐間作臨江軍新淦令，俗喜擊鞠。一日，有木丸損且破，得一水晶丸於破中，儼然有真武像及龜蛇隱其内，周旋宛轉，而像不欹傾，端然常正立於中。親屢取觀之。

崇甯間，東阿董熙載飲於村落，醉歸，墜馬，卧道次，馬韁持於手。忽有盜盡解其衣，又欲其馬，方俯首取韁，馬遽囓盜髻不得去。逮熙載醉醒，盡復取所失物，馬始縱盜。噫！爲人臣僕，而不盡力於君主者，曾是馬之不若也。

建炎間，收陳州賊杜用軍於陳之鄧灣，統制官曹實、韓宏守。統制王涣寨門中夜聞小喧，徐擁一美婦出斬之。行刑者語二將曰：「某屢斬無辜矣！」重自嘆息。又曰：「適婦人自云陳之胥妻也，早來王統制得之賊中，欲與之通，不允。已刺一刀，適又逼之，婦人曰：『統制軍官也，隨都統來破賊，本爲百姓除害，若要新婦充婢使則可，若欲見私所不願也。』王涣欲强之，且曰：『我當殺汝！』婦人又曰：『如此，統制亦賊爾。一死何懼！』遂命斬之。」二將嗟嘆，通夕不能寐。噫！保其貞潔而不懼死，雖古烈女不爲過也。

諸暨縣孝義鄉有俞判官廟，祈求雨暘，頗著靈應。相傳，其初本村落間逐什一者，無家，不知所自來。臨死，自云本天曹主雨雪判官。嘗指其地曰：「我死，當廟食於此。」既而六月飛雪，厚數寸，鄉人乃即其地建祠祀之。紹興癸亥，暨陽旱，邑官迎其神置大雄寺，建道場禱之。時六月，神至寺日，殿前當空有片雲生，須臾，飛雪，著瓦有聲，以扇接之，良久乃消。寺中寄居及僧行往往見之，少頃即止。然竟無雨，豈天數有定，不可違也。

内侍吴曇子雲嘗説：宣和間夜直禁中，與同列博，忽一毛手出燈下，且持燈而去。視之，乃巨猴，共逐之，即委燈，失猴所在。他日上直，復聚博燈下，戲相謂曰：「猴將復來乎？」少頃，果有一物至，驚逐之，乃巨猴也，又失所在。

揚州參議廳舍，其中堂每日暮有碧牡丹出地中，視之如水影，以足蹙之，蓬蓬然散如金塵而滅。前後政往往見之。其宇起于兵火後，疑地中有埋没金寶，但未有人決意發之爾。

舒亶作尉日，斬弓手自刎，由此知名，至顯官。一日，獨對便殿，神宗望見初人門時若更有一人影隨之。上驚問其所以，亶具言：「弓手之魂常在臣左右。」上令具狀進呈，即印以御寶，判送付冥司，權放托生，命亶歸密焚之。已而果不復見。

徐州有村人獵兔，見一狐毛色深紅，逐之，不可及。又山東人捕狐，以瓦籠置鴿其中，狐遶之垂涎，因觸網。或能人言畧可辨，逼之乃嗥耳。

河陰南廣武山，漢高皇廟在其麓，殿前有八角井曰「漢泉」。井中三魚，一金鱗，一黑，一如常，一邊鱗肉與骨皆無，獨其首全，與二魚並游水中，但其游差緩，不復有揚鬛撥刺之勢。觀者憑欄俯窺，雖異之而猶未審。一日，有墜井而死者，因濬之，遂得三魚，鱗色如在水中時，半邊者五内皆無【一九】，方大異之。後復置水中，至今三魚尚存。俗傳漢高皇食鱠，庖人治魚及半而楚人至，倉皇棄魚井中而遁。此語固無根難信，然已刳之魚而游泳不死，亦可怪也。

河南潁陽縣北十五里曰「倚箔山」，山有洞若三間屋大，洞中潭水深不可測。人或瀆，多致雷雨之變。時有笙簫聞于洞中【二〇】，移時乃止，蓋龍吟也。宣和末，予官河南，沿檄與縣令陳公游焉。或云歐公見神清洞處，紫雲傍山若倚箔然，故得名。而「神清」之字，見於石壁上。時有張道人居洞前茅屋中，其人清瘦輕强，眼頗碧色，舉止若兒童大朴未散者。他人居此者，率不過月餘，必有怪恐怖而去，甚者雷雨挈置山下。獨張居已三年，初無所見。又一僧極山野，衫衣藍縷，與張同處亦已數月，似有行業者。張云：「凡潭水微動，須臾有雲生于水上，稍出洞去，即山下必雨，雨止，雲乃覆山，有龍復歸。數日前，僧坐椅誦《法華經》於案，忽潭水動，但以爲雨候，俄一白蛇出水中，其大如梁，由僧之前右繞盤於左，其高如椅。僧張皇恐怖，入室閉關。潛窺間，僧無如之何，乃厲聲曰：『龍王之出，必欲聞經。老僧爲龍王講此一品。』既終，回施甫畢，蛇由舊徑右繞入潭

【一九】半邊者五内皆無　「内」原作「肉」，據《説郛》宛委山堂本改。

【二〇】時有笙簫聞于洞中　「洞」原作「邑」，據四庫本改。

中。」後僧先去，張復年餘亦不知所之。張又云：「嘗遍走此諸山中，有洞穴數十，皆不知名，往往有人骨積於旁。一日至洞中，行數十步覺地軟，捫之，乃行大蛇背上，急奔走而出。」又云：「亦有好洞穴，但深僻不可居，路險，常人難到。」蓋張登山由石壁，其上如飛，故能深歷也。倚箔山頂有石盆，側傾向日，謂之「快活窩」，邢和璞算星處也。有鳥道可登，游者行此道未至，而張由石壁先至也。亦疑其必有術，但叩之惟言無能而已。

政和間，相州每夜二鼓後，有人呼於街中，曰「華二哥」。家家聞之，莫測誰何。有韓氏子，偶宿旅舍，聞其呼，頃之聲稍入邸中，偏歷諸舍。呼過，韓子乘醉戲應之，其聲尋至枕邊，大呼曰：「華二哥！」韓以被蒙首不敢動。凡半年乃絶。竟不知何怪。

予家一鑊置熟鴨子數枚，未食間，忽聞其一作啐啐聲，驚取附耳聽之，如伏卵已成欲出殻者。疑其煮未熟，恐尚生活，既剖之，黄白宛然，與衆無異。噫！豈有物使然，以警殺生者乎？

予親劉十七郎中家，一日與客正坐，一犬忽人立捧茶甌而出。客大駭，郎中公不以爲異，茶啜訖，還以盞付之。犬既去，行數步，擲盞於地而斃。蓋人不怪，其怪自當其禍也。

政和間，川人楊傑朝散知齊之長清縣。其家鴨卵破之得一物，長寸餘，如人形作男女，相屈一足，眉目、口鼻、手足、腰腹悉具，被髪垂頸。乃腊之，既枯，而脇骨莖莖皆隱起，與人無異，亦怪矣。

密州高密縣劉三郎者，以商賈爲業，久之銷折迨盡。因夜過一橋，聞人呼其姓名曰：「汝善人也，我借汝錢本。」劉問：「君何人？」曰：「我守此錢久矣，未有人可付之。」又問：「他日當何奉還？」曰：「若遇東來生，即還。」他日【二一】於橋下果得錢萬緡，自此累鏹甚富。劉素有催生藥，每施人。一日，自文登歸，道中有孕婦，臨蓐兩日不分娩，頗危困，與藥服之，立産男。翌日，其人謝劉甚勤，且以劉自文登來，乃字其子曰「東來生」。劉驚悟曰：「比者神人所告錢主也。」即以其錢十萬緡還之，具道其事。由是二家置屋居，如骨肉焉。

宣和甲辰春三月二十一日，沿江大風，壞官私舟船數千艘。先是，有江州德化縣進士周持志宿馬當市。中夜，聞人語甚喧，視之，鬼神千百持絳紗籠而過，中一人云：「二十一日大風，當取若干人，以舒邁綱綱官賴通管押。」旁一人目之【二二】，若曰恐人聞其言也。周至日抵湖口縣，謁巡檢道所見，衆不以爲信。忽催綱吏人入白，有舒保義名邁不肯行舟，乃召舒詢其所以，亦訝其姓名，與周所聞合也。舒曰：「夜來夢神人云，今日當大風，要邁綱官賴通。恐果有風濤之虞，本住落星寺下，乃遷於此。」因留周與舒飯，未舉匕筯風大作，賴通者方料理檣纜之屬，失足溺死。

宣和間，舒州司録李知雄云：頃赴調，寓居京師。一日，乘馬過舊曹門角路，遇回風盤旋馬首不散，俄昏然如醉，時頭上席帽爲風飄，不知所向。既歸，覺憒憒不佳，乃就枕，

【二一】他日　「日」字原脱，據四庫本補。

【二二】旁一人目之　「目」原作「用」，據四庫本改。

夢爲人召去。至一官府，有朱紫二人據廳事，揖李同坐。紫衣者謂李曰：「且喜同事。」緋衣者舉二指曰：「他尚有二十年在。」久之，李辭去，紫衣又曰：「候喫南食、著南衣，於南窗下相見。」既覺，異之。後偶到曹門外泰山廟，見向所失席帽挂於廟中録事堂椅子上。

郭堯咨獻可妻高氏，日誦白傘蓋咒。郭氏兵火後避地山陽。一日，獻可謂之曰：「汝誦此咒何益？」因戲指所畜貓曰：「能令此貓托生爲人否？」高氏遂於貓前誦其咒，是夜，貓果死，獻可以爲偶然。又數日，捕得野貓，又謂高氏曰：「能更使此貓爲人乎？」高爲誦咒，其貓夜亦死。

蔡州趙旻，開肆貨鹽於江州。生一女【一三】，小字招兒，二歲不能語，因出見寶林寺童行周法昌，遽拽其衣大慟，父母驚異之。其女忽語曰：「此我前生子周伴僧也。我本坊前賣煎魚周嫂，年五十六，以心痛而死。三年不得功德，在地獄中。紹興五年五月二十一日，天赦蒙放歸，夢於其子求功德，云：『誦《太上救苦經》千遍，可免。』遂於太平觀求得其本誦之，數足乃生爲狗。其子誦不輟，至萬遍，遂生於此。」趙旻乃鏤板廣其事，以爲勸云。

旋風中必有鬼神，蓋有是理。僕頃年作河南司録，因行縣至澠池，道中有旋風自西山來，卷塵埃上干霄漢。僕念候此風近，當下馬避之。既而相去百餘步，忽轉而之北，行一

【一三】生一女　「生」原作「年」，據四庫本改。

里許，又轉由西北，絶山而去。然所轉詰曲【二四】皆由徑路，真其中有物。

眉山人程之祥朝議，字單父。云崇甯間蜀中大水，江中流下一褐衫，長二三丈，爲人所得。先是，有數獵人從禽於峨眉山，行十餘日，忘路之遠近者。至一處，山川極雄深，隔澗有長人踞坐，旁一虎，馴若貓犬。因發弩，以藥矢射之，乃仆，虎乃轉而去。獵者欲過澗視之，腥不可近，即登大樹伺之。須臾，其輩五六人，或男或女，來視中箭者，左右瞻視，若求其仇，既而扶舁以回。獵人歸，話於人，皆莫知之。至是，始驗其不妄。深山窮谷固有異物也。

茅山蔣景徹先生云：大觀間，有湯法師道童，年十二三，偶戲於高居洞前，掬流水見丹一粒，若朱櫻，自洞中流出，因掬水併咽之。忽覺丹自臍中飛去，自此亦不食。父母聞之以爲病，取歸，强以肉食，入口即嘔噦，乃强食，七竅流血，香馥無腥穢氣，血絶，趺坐而終。湯聞之，嘆息曰：「父母愚甚，賊此子也。」

知江甯縣葉義問，字審言。前任錢塘知縣日，適當兵火擾攘之後，有訴百姓十三人殺其家老幼七口，劫取財物。縣中捕之，盡獲其賊。未至縣治，中偶三人已死，九人皆伏罪，一人不承甚力。葉念十二人既已伏辜，此一人亦可憫也，私欲出之。是夕，夢一小兒云：「知縣所欲貸者，乃是前日殺兒之人。」及盡見其家被害七人。既覺，引囚令具所殺人老幼形狀，獨不具此小兒者。葉乃問不承者云：「殺小兒者是汝，何可諱耶？」因垂涕

【二四】然所轉詰曲　「轉」原作「由」，據四庫本改。

俛首伏罪，案遂成。

内侍吴子雲言，宣、政間，禁中有木犀一株，雕欄漆檻，封殖甚謹，有中官典領之。每有花落，輒收取之進呈，雖一枝一葉，莫有敢攀折者。是時，如柑橘之類，御苑種之皆成。今永嘉平陽亦用爲薪物，有遇不遇也。

大觀間，李成允奉使梓夔路撫諭羣蠻，泝峽江而上。一日，治舟岸次，屬官輩縱步山間。忽見桃花甚開，十二月也，山川秀麗，殆非人世比。衆方嘆異其處，旁一媪謂曰：「虎且至，宜速還。」俄聞虎嘯，乃急登舟，已見虎踞于岸，舟人不敢解纜，斷之而行。少頃，方疑花發非時，媪獨無懼虎色，乃悟其非人，豈靈仙山鬼之窟宅歟？

甲交先生，忘其何許人，國初登進士第。慶曆間，先祖作舉人時，其子宰金鄉，每詢父所在，百計求得之。多坐卧於屏風上，動作無常，竟去，不知所之。後寓淮陽軍，館於富民周氏，喜延方外士，有來者，先生輒極口罵之，無敢留者。先生飲食如常人，未嘗出城，而人有見於數百里外與之語者。時與周氏小兒戲，取壁土爇之，悉成香。或當其飲，即以酒和土握之，遂成墨。異事甚多。一日，别之往陝右【二五】，曰：「聞彼有人可教爾。少時即回。」周詢之，乃嘆曰：「我欲去矣。求一人授吾道，竟未有也。」然不以授周。建炎間，先生猶在濮陽。

一士人有婢懷孕，主母怒，强主父捶之。解后致死，乃遣僕隸瘞於郊外。婢忽自外

【二五】别之往陝右　「陝右」原作「郟石」，據四庫本改。

入，謂主人曰：「君以我死，不復能來耶？」遂直造舊室，視其幃帳皆已撤去，即求取復置如初。自此雜羣婢中，無異乎昔。主母大怒，月餘憂卒，婢遂專房。又經年，主人亦死，婢乃不見。其弟因話于人，鬼忽來見形，欲害之。其弟哀求，乃云：「只要君肉。」弟先極充肥，後但存皮骨。

蘇庠字養直，詩僧癩可之兄也，山居以詩酒自娱，高尚不仕。紹興甲子年六七月間，一道人投謁，稱羅浮山長生道人江觀潮，其下有詩一聯云「富貴易逢日月短，此中難遇是長生」。蘇疑其妄人，亦漫出見之。云：「本師黄真人遣我來，專致丹於先生。」蘇以其無因，益疑之，乃答以與黄素昧平生，不敢受丹。江曰：「黄五代時曾知惠州，後避亂入羅浮得道，今數百歲。此丹當還黄真人。」至晚，告別欲去，及五更興嘆，惜蘇之不遇也。越宿，蘇頗追悔，遣人伺之，江眠尚未起，遂款扉就謁，且敘昨日丹事，今願得之。江初以其疑不欲留，蘇再三遜謝，方出丹授之，並教服餌法，仍戒謹藏，恐爲鬼神所竊。云：「服此丹當延壽一紀。」臨行又云：「若即服不見功，不若俟有緩急然後服。」蘇雖得藥，終疑之，有詢者，但云其事渺茫。及歲暮，忽苦痰疾，藥皆不能下，遂委頓悶絶，衆醫束手，請治後事。諸子乃議投以道人所留丹，入口即甦，次日下黑汁一缶，自是遂安。方追感黄真人之事，命其子入城訪畫史出，意圖其像將奉香火。月餘得之，與送丹江道人酷相肖，無小異，始悟江即黄也，故令畫如此。自餌丹後，鬚眉變黑，髮落更生，一目生翳，至此亦失去，强健勝於前日。銅陵簿陳述得鄉人書云如此。樸樕翁以謂次日所得丹，必非初授者，故功止延年。俾當日便取不疑，宜別有奇也。

太平州道判葉仁，字平甫。嘗爲文鏤板，以爲勸戒云：「食饌不可廣傳，傳之浸遠，殺生益多；方書不可不傳，救人疾病，陰德不細。」又嘗集諸紀咒十餘本，印施于水陸會，以爲薦福之助，往往靈驗著效。

武功大夫馮寧，紹興初任錢清鎮巡檢。一日，見一村民與賣鲞人爭，甚喧，後一人紛呶尤甚，而賣鲞者不與競，乃去。適過橋，又與人爭，遂爲人毆而死。馮因詢左右：「適其後一人何人？」皆云無有也。馮疑鬼物逐之，不然其魂已去體，會有不幸者假手而死爾。

平江城北數里有石幢，唐徐浩書。太守陳師錫徙置府，鄉人夜過河上，多見鬼物，乃相與請守復舊處，怪遂絶。

建炎二年夏，駕駐維揚。方視朝，有五色鳥飛于殿梁，又拂宰相黄潛善肩上，樞密張慤幞頭脚上，逐之，自左復止右，捕之不獲。是年，慤死，明年，金寇維揚，駕渡江，潛善亦貶死。

王樂道之子名襄，字幼安，少年時居潁昌。一日初春與數客弈于天慶觀。有二道人攜籃坐閣上，指幼安相謂曰：「唯此人差得。」須臾，取一瓜于籃中，分食之。而坐客皆不平，共竊議謂觀主曰：「適二人何者，敢議吾曹。」觀主指一小房答曰：「一人寓此月餘，彼一人不識也。」幼安徐曰：「未必非異人。今正月也，安得有瓜果乎？」衆方驚訝，因往觀視，閣邊猶有棄瓜子在地。自此日往伺之，竟不復至。時幼安以父蔭承務郎，果爲資政殿學士判西洛也。

龍泉宰河陽楊仲京字德先云：崇甯丙戌冬，夜半忽聞滿街悲號聲，甚哀。窺之，見羣狐百餘悲鳴奔突，由南門而出。明年秋大水，汴渠溢，逆流横潰，河陰被浸。至宣和乙巳冬，狐復如是，邑人皆憂水患。明年，金人渡河。

宣和元年秋，畿内大水，中外皆具舟楫，城中往往訛言水至。宣和末，僕在河南司録，時密縣再自鄭州割隸河南府，沿檄宿縣境之超化寺。寺在山間，四面皆水，其地坎深一尺，即水湧出，蓋寺基似浮于上，阿育王舍利塔之一也。寺僧云：「比日京城大水，其源自此去。前數日，先聞塔下地中風雷聲，雨如霔，水即大出，横流滿野，滔滔東去，直抵京城。蓋兵之象也。」後果有圍城之兆。

有士人買妾，既而卧病。汪彦章以詩戲之，其一曰：「但知瓊樹鬬清新，不道三彭接有神。處仲未聞開閣事，維摩空對問禪人。封侯燕頷何妨瘦，伐性蛾眉却怕顰。從此空花掃除盡，定須嚼蠟向横陳。」又曰：「温柔鄉裏事還新，便擬尊前賦洛神。定向中年多作惡，非于尤物解移人。莫愁阿鶩煩君嫁，且學西施爲我顰。爭似儂家無一事，從來婚嫁只朱陳。」

王安中履道任大名監倉日，喜營妓路瑩，嘗贈詞，書泥金領巾上【二六】。後安中宣和間作燕山宣撫使，取途大名，路瑩乃迎於道左。安中因作《玉樓春》云：「飛鴻只解來箏柱，終寄青樓書不去。手因春夢有携時，眼到花梢無著處。泥金小字回文句，翠袖紅裙今在否？欲尋楚館舊時雲，看取高唐臺畔路。」

嘉王榜王昂作狀元。始婚禮夕，婦家立需催粧詞，昂走筆賦《好事近》云：「喜氣擁門闌，光動綺羅香陌。行到紫薇花下，悟身非凡客。不須朱粉汙天真，嫌怕太紅白。留取黛眉淺處，畫章臺春色。」

元祐黨籍凡三著，僕家舊有《元祐姦黨碑》。建炎間，呂元直作相，取去最後者也，其間多是元符間臣僚。文曰：「皇帝嗣位之五年，旌别淑慝，明信賞刑，黜元祐害政之人，靡有佚罰。乃命有司夷考罪狀，第其首惡與其附麗者以聞，得三百九人。皇帝書而刻之石，置於文德殿門之東壁，永爲萬世臣子之戒。又詔臣京書之，將以頒之天下。臣竊惟陛下仁聖英武，遵制揚功，彰善癉惡，以昭先烈，臣敢不對揚休命，仰承陛下孝悌繼述之志。司空、尚書左僕射兼門下侍郎臣蔡京謹書。」

元祐姦黨。

文臣曾任執政官二十七人

【二六】書泥金領巾上　「巾」原作「中」，據四庫本改。

司馬光　文彦博　呂公著　呂大防　劉摯　范純仁　韓忠彦　曾布　王巖叟　梁燾　蘇轍　王存　鄭雍　傅堯俞　趙瞻　韓維　孫固　范百禄　胡宗愈　安燾　李清臣　劉奉世　范純禮　陸佃並元祐　黄履元符　張商英　蔣之奇元符

曾任待制以上官四十九人

蘇軾　劉安世　范祖禹　朱光庭　姚勔　趙君錫　孔文仲　孔武仲　吴安持　馬默　錢勰　李之純　鮮于侁　趙彦若　孫覺　趙卨【二七】　王欽臣　孫升　李周　王汾　韓川　顧臨　賈易　呂希純　曾肇　王覿　范純粹　呂陶　王古　豐稷　張舜民　張問　楊畏　陳次升　鄒浩　謝文瓘並元祐　岑象求　周鼎　路昌衡　徐勣　董敦逸　上官均　郭知章　楊康國　葉濤　龔原　朱紱　葉祖洽　朱師服並元祐

餘官一百七十七人

秦觀　黄庭堅　晁補之　吴安詩　張耒　歐陽棐　劉唐老　王鞏　呂希哲　杜純　張保源　孔平仲　司馬康　宋保國　湯馘　黄隱　畢仲游　常安民　汪衍　余爽　鄭俠　常立　程頤　唐義問　余卞(卜)　李格非　陳瓘　任伯雨　張庭堅　馬涓　孫諤　陳郛　朱光裔　蘇嘉　龔夬　王回　呂希績(吴希續)　吴儔　歐陽中立並元祐　尹材　葉伸　李茂(義)直　吴處厚　商倚　李積中　陳祐　虞防　李祉　李深　李之儀　范正平　曹蓋　楊綝(琳)　蘇昞　葛茂宗　劉謂　柴衮　洪羽　李新　趙天佐　衡

【二七】趙卨　「卨」原作「高」，據《元祐黨籍碑》桂林宋碑拓本、《宋史》本傳及四庫本改。下校記省，凡誤字用(　)標出。

鈞　衮公適　馮(洪)百藥　周誼　孫琮　范柔中　鄧考甫　王察　趙峋(崎)　封覺民
胡端修　李傑　李賁(貫)　石芳　趙令時　郭執中　金極　高公應　張集　安信之
黄策　吴安遜　周永徽　高漸　張夙　鮮于綽　吕諒卿　王貫　朱紘　吴朋　梁安
國　王古　蘇迥　檀固　何大受　王箴　鹿敏求　江公望　曾紆　高士育　鄧忠臣
种師極　韓治　都貺　秦希甫　錢景祥　周綍　何大正　梁寬　吕彦祖　沈千　曹興
宗　羅鼎臣　劉勃　王拯　黄安期　陳師錫　于肇　黄遷　莫俠正(莫俠)　許堯甫
楊朏　梅君俞　胡良　寇宗顔　張居　李修　逢純熙　黄才　高遵(道)恪　曹盥　侯
顧道　周遵道　林膚　葛輝　宋壽岳　王公彦　王交　張溥　許安修　劉吉甫　胡潛
楊瓌寶　董祥　倪直孺　蔣津　王守　鄧允(元)中　王陽　梁俊民　張裕　陸表民
葉世英　謝潛　陳唐　劉經國　扈允　張恕　陳并　洪芻　周諤　蕭刓　趙越　滕
友　江洵(詢)　方适　許端卿　李昭玘　向紃　陳察　鍾正甫　高茂華　楊彦璋　彭
醇　廖正一　李夷行　梁士能並元符

武臣二十五人

張巽　李備　王獻可　胡田　馬諗(稔)　王履　趙希夷　郭子旂　任濬(璿)　錢
盛　趙希德　王長民　李永　李愚　王庭臣　吉師雄(庭)　吴休復　崔昌符　潘滋
高士權　李嘉亮　李琉　劉延肇　姚雄　李基並元符

內臣二十九人別本二十八人，此補合成二十九人。

梁惟簡　陳衍　張士良　梁知新　李倬　譚扆（扆）　竇鉞　趙約　黄卿從　馮説

曾燾（壽）　蘇舜民　楊偁　梁弼　陳恂　張茂則　張琳　裴（張）彦臣　李偁　王紱

閻守懃（勤）　李穆　蔡克明　王化基　王道　鄧世昌　鄭居簡　張祐　王化臣並元祐

爲臣不忠二人

王珪元祐　章惇元符

右今准尚書兵部符，備降勑命旨揮立石監司廳。崇寧四年二月日。此兩浙常平司所立碑，

時天下監司郡守皆立之，後星變，遂毁。

◎田 渭 撰

辰州風土記

程 郁 整理

點校説明

《辰州風土記》，殘一卷，田渭撰。田渭，字伯清，縉雲（今屬浙江）人。高宗紹興三十年（一一六〇）進士，爲辰州教授時作本書。孝宗淳熙十四年，累官至浙東提舉常平，「以鄉邑有五等差役之擾，奏罷之，民得安業。每歲寒食，父老祭奠其墓。」其生平見明凌迪知撰《萬姓統譜》卷二十七及清雍正《浙江通志》卷一百七十。

是書宋時曾有刊本，《宋史·藝文志》及《直齋書録解題》皆著録爲六卷，《直齋》又有「隆興二年郡守徐彭年」字樣，今存是書佚文記有徐請朝廷支錢事，則是書應爲隆興時初刊。明諸書目皆未見著録。清陳運溶自宋象之《輿地紀勝》中輯出四條，收入《麓山精舍叢書》。

本次校點以《續修四庫全書》影印麓山本爲底本。

皇朝太祖平荆湖，除猺人秦再雄爲辰州刺史，蠻夷悉皆向化。郡在辰水之陽，取辰溪以爲名。

大抵辰當沅、靖諸蠻咽喉出没之地，内可以控諸蠻，而外爲武陵障蔽。諸蠻不由此，則商販不通；武陵不得此，則諸蠻通境雖欲高枕而卧，不可得也。

舟行東自桃源，由鎗崖泝流而上，湍流急險，水多亂石，而壺頭爲最。陸行自桃源入夷望山、六孟坡，抵州治。重崗複隴，西距沅境，而五峴坡截然高峻，沅昔恃此以爲固。會溪在州北境，當保靜、南渭、永順三州之衝。烏速近沅陵浦口，據辰溪、漵浦往來之路。此皆境内險要去處，唯漵浦取長沙武崗，比他道差坦夷。

辰、沅、靖三州，朝廷非有望其賦入也。往時，本路轉運使每歲於鼎州撥支錢七萬貫、絹二千五百匹、紬四百匹、布五百匹；岳州撥紬二千七百匹、綿七千兩；澧州撥絹一千匹、綿一萬兩；荆門軍撥絹一千匹；以此當一歲之計。而沅、靖所入亦稱是，故兵廪贍給，足以控制。自紹興初湖盜鍾相竊發之後，而辰之歲計不行，支撥止於鼎州支錢四千五百貫，自是官兵俸給日窘。隆興初，守臣徐彭年有請於朝，歲添給二千緡，終未能少紓其窘也。

◉李如箎撰

東園叢説

程郁 整理

點校説明

《東園叢説》，三卷，李如篪撰。李如篪，生平不詳。據自序爲括蒼（今浙江麗水）人，曾爲桐鄉丞。吴曾《能改齋漫録》稱如篪爲其表弟。據宋曾豐《緣督集》卷十七，知其字季牖，孝宗淳熙十二年（一一八五）任廣州司理參軍，「將老矣，而猶未遇也」，著有《輿地新書》十卷。另據《宋史》卷八十一《律曆志》與卷二百二《藝文志》，作有《樂書》一卷。明正德《崇德縣志》謂其「天文、地理、禮樂、兵機之學靡不該通」。

是書未見宋人著録，序作于高宗紹興二年（一一三二），周庭筠曰刊於紹興四年。《四庫提要》曰：文中所紀時事有紹興六年、二十四年及三十一年事，又稱高宗廟號，「年月殊不相應」。且「《語》、《孟》合稱不似南宋初語」；「辨北辰不動一條，與明陳士元《論語類考》之説同」；「謂今之渾天實蓋天之法，亦似歐邏巴書既入中國之語」。故疑爲後世采舊文並益以所見編成。而據《緣督集》，淳熙十二年作者尚爲官，則記高宗後期事亦可信。《提要》評爲「故雖顯有可疑，而其書可採，亦姑存之，以備參訂焉」。

本次校點以清道光《指海》本爲底本，校以《四庫全書》本。

序

僕頃年僻居語兒之東鄉，既無進取之望，又不能營治資産，日與樵漁農圃者處，羹藜飯糗，安分循理，亦足以自樂。時時披閲文集，省記舊聞，隨手筆之，遂成卷帙。其間經史子集、天文地理、歷數之説無不有之，目之曰《東園叢説》，好古博雅君子覽之者，殆有取焉。紹興壬子三月下浣，桐鄉丞括蒼李如篪自序。

東園先生李君，少游上庠，博學多聞，與紹興諸魁皆友善。平時上下論議，出入經傳，前言往行，靡不識録。庭筠來吏桐鄉，密邇南墻，暇日授以，得償未見之願，謹輟俸以刊諸梓，其於學者亦有助云。紹興甲寅正吉，建安周庭筠敬書。

總目

卷上

春秋説

春秋行夏之時

夏正月建寅，商正建丑，周正建子者，各用其月爲歲首也。建寅則稱：「正月朔旦，受命於神宗。」是建寅則稱正月也。建丑則稱十有二月。《書》云：「十有二月朔，伊尹以冕服奉嗣王歸於亳。」是建丑則稱十有二月也。建子則稱一月。《書》云：「一月戊午，師渡孟津。」是建子則稱一月也。《詩》稱：「一之日觱發，二之日栗烈。」謂十一月、十二月。至言：「四月秀葽，五月鳴蜩」，「六月莎雞振羽，七月在野，八月在宇，九月在户，十月蟋蟀入我牀下」。皆據夏正而言也。「嗟我婦子，曰爲改歲」，以見此月歲終，十一月歲首也。以是考之，三王之歲首，惟夏正建寅稱正月，二代雖或建丑或建子，初不稱爲正月。秦、漢間雖用亥月爲歲首，只稱冬十月，亦不稱爲正月。孔子作《春秋》，將立一王之法，以夏正得天，《春秋》之法行夏之時，蓋以周正紀事，而以「春，王正月」揭於其首，其實則冬十有一月也。不然，

校勘記

豈得以十一月，而强指爲春正月哉？只緣左氏不曉聖人垂法之意，遂斥言「元年春，王周正月」。後儒因是相沿，遂云，商用建丑爲正月，周用建子爲正月。使《春秋》行夏時立法貽後之意，晦而不彰，左氏之失也。

詩亡然後作春秋

孟子曰：「王者之迹熄而《詩》亡，《詩》亡然後《春秋》作。」説者皆謂《黍離》之詩降於《國風》，是《詩》亡。非也。孔子序《詩》，《國風》、《雅》、《頌》各從其體，初無褒貶去取在其間也。按周、召分陜之時，周家已有天下。《關雎》美后妃之德，王者之事也，爲其是風體，故謂之《國風》，得於陜之東者爲《周南》，得於陜之西者爲《召南》。《豳·七月》：「陳后稷先公風化之所由，致王道之艱難」，與夫《東山》之作，及周公遭變之詩，亦同在《國風》，亦以其在風體故也。但《國風》之中有正有變，足以明政之得失，時之盛衰也。《黍離》之詩，所謂變風者也，不列之《國風》，將何以處之？處之《雅》乎？處之《頌》乎？皆所不可，故列於《國風》，而非所謂降也。不然，則二《南》、《豳風》俱謂之降可乎？且如《大雅》，《版》、《蕩》、《召旻》之類，雖周室大壞，無綱紀文章，其體是大雅，只當列之於《大雅》之中，又可降之於《風》耶？故知《黍離》之在《國風》，其體是風，而非降也。然則孟子所謂「《詩》亡」者何也？蓋嘗考之，《國風》之詩，如鄭莊、衛宣、齊桓、秦穆、襄、晉昭、獻之類，皆孔子所傳聞之世所作，雖變風居多，亦本於人情，而止乎禮義，先王之澤未泯也。孔子所聞所見之世，亦安得無《詩》！《國風》無見焉者，止乎禮義者無有也，此孟子所謂「迹熄而《詩》亡」者也，非謂《黍離》列於《國風》而云也。然則《春秋》何以始乎隱？究觀《黍離》，雖作於平王之時，而其顛覆之禍，幽王爲之也。其他刺平王者，如行役無期度，不撫民而屯戍於母家，凶年饑饉，室家相棄之事，亦衰世之常，《春秋》豈爲是而作哉？逮桓王之立，諸侯背叛，王師傷敗，如左氏所謂周、鄭交質，取温之麥，尚猶可言，至於帥師以取成周之禾，甚至於射王中肩，則諸侯蔑視周室，無復有王矣。王者威柄自此絶矣！桓王之立，實當隱公即位之三年，故《春秋》自此而始，爲無王而作明矣。若以東遷之後，王政之失始於平王，而《春秋》作則當自惠公始，而不當始於隱公也。杜預以爲：隱公讓國之賢君，故《春秋》以爲始。非也。聖人亦立一王之法，豈以讓國之一節，而爲《春秋》之始哉？

春秋感麟而作

孔子嘗語子夏曰：「明王不作，天下其孰能宗予？」又嘗曰：「鳳鳥不至，河不出圖，吾已矣夫！」麟鳳之至，與河洛之出圖書，乃上天休嘉之應，有明王者出，然後見也。孔子大聖人也，必有明王者出，然後其志可得而伸，而其道可得而行。河不出圖，鳳鳥不至，孔子蓋傷無明王者作，其事業終不得有見於當世也。至哀公之西狩，麟偶見獲，孔子反袂掩面而歎曰：「胡爲而來哉！」蓋傷明王之不作，己志之不伸，而麟至之無從也。且謂其道不行於當世，要必垂之於後代，於是作《春秋》，垂一王之法，若曰後世有明王者作，必將舉而措之。以其書感麟而作，故至於獲麟而止。志在《春秋》者，如斯而已矣。其書既存一王之法，則其施設之所寓言者，無非天子之事。故孟子曰「《春秋》，天子之事」，正謂定天下之事，成天下之業，皆天子之事，非孔子欲身爲天子之事也。李厚作《春秋總要序》，見孟子有此説，遂云孔子以天下之事爲己任。殊不知孔子只是思得明王，以行所蘊，既終不可得，於是作《春秋》，見諸行事以明己志耳。豈可以匹夫欲以天子之事爲己任哉？如先儒黜周王魯之説，孔子素王、邱明素臣之説，皆不明夫子作經之旨。

黜周王魯

《春秋》書：「成周宣榭火。」《公羊傳》曰：「新周也。」黜周王魯之説，蓋啓於此。「新周」者，蓋謂王者必存二王之後，周有天下，則宋、杞爲二王之後，今王魯，則以周、宋備二王之後，是新周而故宋也。其説從此濫觴。又見《黍離》之詩列於《國風》，而魯僖之頌，又繼《周頌》之後，王魯之説，遂得援以爲證。惟深識之士，則知聖經之作，皆自有意義也。

天王狩於河陽

《左傳》云：「以臣召君，不可以訓，故書曰『天王狩於河陽』，言非其地也，且明德也。」蓋嘗論之，周自宣王會諸侯於東都之後，天子未嘗有巡狩以朝諸侯之事，由東遷而來，亦未嘗有諸侯朝王之舉。究春秋二百四十二年之中，天子巡狩、諸侯朝王之書蔑如也。獨僖二十八年書「天王狩於河陽」、「公朝於王所」，書魯公之朝，則諸侯之朝可知已。天子爲巡狩之舉，諸侯即其所而朝之，最是東周一時之美事，晉文之力也。而傳乃有「不可以訓」之言，何哉？且「明德」之言，杜預以爲明晉文之德，其言是也。詳究其事，文公召王以諸侯見，初非欲自尊大，蓋以當時周室衰微，諸侯蔑視王室，無復有宗周之念者，晉文欲率諸侯朝周，以明上下之分，又力所未及。兼之皆有備，去其兵車以入然後可，苟不能去，又使天子何以自安？使天子出狩，因率諸侯以見之，其意甚美，其謀甚婉矣。《春秋》正色而書之，無少貶焉。所謂譎而不正者，元不在此。若以爲貶，則以錫命之失，遂削去天字，君乃爲臣之所召，而反稱「天王」，何也？直書「天王狩於河陽」，又書「公朝於王所」，辭無所貶。聖人之意可知矣！《春秋集解》亦當明此意，後之釋《春秋》者，皆不能到也。

齊人來歸衛俘

左氏傳經文云「齊人來歸衛俘」，公、穀經文皆曰：「齊人來歸衛寶。」按《書》稱「俘厥寶玉」。「衛俘」、「衛寶」其實一也，但以俘爲寶，則掠取、分受之罪不彰也。當以左氏經文爲是。

盟於召陵盟於袁婁

孔子作《春秋》，與奪之意昭然可見。如齊威公伐楚，屈完之詞未服，師次于陘，楚人懼，使屈完來盟於師。夫楚人來盟，則其心已服矣，於是退師召陵而與之盟，示不迫而强之也，其仁恕之心、待楚之禮可謂兩盡矣。故《春秋》書曰：「楚子使屈完來盟於師，盟於召陵。」蓋美之也。晉郤克伐齊，敗之於鞌，進至袁婁，去臨淄纔五十里。齊人大恐，使國佐如師。晉人方且欲得蕭同叔子爲質，使齊之封内盡東其畝。至使齊人不勝其忿，無暇滅亡之恤，而有收合餘燼、背城借一之言，於是遂盟國佐於袁婁，蓋疾之也。齊威退師於陘以盟屈完，郤克即袁婁以盟國佐，二事中禮違禮，觀聖人所書之文，彰彰可覩矣。

紀季紀侯

《春秋》書三叛人，以懲不義，皆以地出奔者。又諸侯失地書名，紀滅於齊，所書有可疑者。方齊襄修九世之憾，志乎滅紀，自取郱、鄑、郚之後，紀之國勢已危矣。紀季不能與紀侯死守，迺以酅邑入附於齊，與叛人何異？《春秋》方且嘉而稱其字，見褒與季子、仲孫同等，又且書「入」，若内弗受然。紀侯不能效死而弗去，至亡國，既不言「滅」，又不斥其名。書紀季則曰「紀季以酅入於齊」，書紀侯則曰「紀侯大去其國」，何也？原其所以，蓋紀之不能抗齊，終必見并，紀季知其不免，於是以酅入齊，以存宗廟，且使其姑姊妹親屬得有所歸，其以邑附齊，非以爲利也。紀侯初非以不道取滅亡，見迫於齊，力不能以自全，死守徒斃其民無益也，於是委而去之，去其國亦非爲身謀也。故二者之書，紀季之事不惟異於叛臣，且取貴於《春秋》；紀侯之去國，不惟異於失地之君，且有大之之稱。其後書「叔姬歸於酅」，則知紀之宗社猶得存於酅者，紀季之功也。書「大去其國邑」，酅之宗社猶得以存，安得與叛人并失地之君同日而語哉！予謂紀季之賢，不可望微子，而存宗社，與抱祭器以歸周者略相似；紀侯之賢，不可望太王，其不以所以養人者害人而去之，亦略相似。

易説

王用三驅失前禽

《易》比卦九五曰：「顯比。王用三驅，失前禽。」講《易》之家解釋「三驅」之義，或以祭祀賓客充君之庖爲「三驅」；或以湯網三面爲「三驅」；非惟不曉「三驅」之義，并與一爻之義曖昧而不明矣。夫「三驅」之義見於《周官・大司馬》，而説者未之詳矣。大司馬四時之田，立表者四，第一表五十步，又立一表，是第二表，去第二表一百步，又立一表，是第三表，去第三表一百步，又立一表，是第四表。車徒之屬皆集於第一表之中，皆坐。鳴鐃振鐸而作，驅逐奔驟至第二表而止，皆坐。是一驅也。鳴鐃鉦鐸又作，驅逐奔驟至第三表而止，皆坐。是再驅也。又鳴鐃振鐸而作，驅逐奔驟至第四表而止，皆坐。是三驅也。此王者田狩三驅之義也。比卦九五【一】，取此爲言者，蓋比卦五爻皆陰，惟九五一爻

【一】比卦九五　「比」原作「此」，據四庫本改。

是陽，又處尊位，爲羣陰之所附，是天下顯然比之者也。考其象，則坤爲輿，衆陰爲徒，坎爲豕，坎之變爲離，離爲飛鳥，以車徒而逐禽豕，即有三驅之象。「王用三驅，失前禽」者，蓋上六一爻居前，獨後於衆陰，又坎爲險，是衆陰比於九五，惟此一爻恃險而不附。以三驅之義言之，是在前逆而飛去之禽也【一】。夫禽之迎而來者，順也，順則取之。背而飛去，逆也，逆則舍之。夫聖王【二】在上，天下皆比附其間，有不服者，聖王豈有强之而必欲其比附者？置之度外，從其自去而已。故曰：「舍逆取順，失前禽也。」比卦上六一爻，即虞氏之三苗也。

坤六五

伊川先生解《易》甚明白，惟坤卦六五解得未盡。伊川云：「坤雖臣道，五實尊位，臣居尊位，羿、莽是也，猶可言也。婦居尊位，女媧、武氏是也，非常之變，不可言也。故聖人有『黄裳』之戒焉。」按《易》六五一爻，坤卦之至美，故曰：「黄裳，元吉。」孔子釋之曰：「文在中也。」又於《文言》敷暢其義曰：「君子黄中通理，正位居體，美在其中，而暢於四支，發於事業，美之至也。」既曰「正位居體」，安得有羿、莽、女媧、武氏之氣象哉？不知程氏如何發此論。

三五以變

《繫辭》言：「三五以變，錯綜其數。」説者多引《河圖》，五居中央，戴九履一，左三右

【一】是在前逆而飛去之禽也　「逆」原作「途」，下文有「背而飛去逆也」，從四庫本改。

【二】聖王　「王」原作「人」，據四庫本及下文改。

七，二四爲肩，六八爲足之説，以爲縱横十五，是謂「三五以變」。三五則然，其變維何也？夫三以變者，伏羲之八卦是也。八卦之畫三。舉乾一卦言之，乾一變巽，二變艮，三變坤，是三以變也。五以變者，《周易》重卦是也。重卦之畫六。以乾一卦言之，一變姤，二變遯，三變否，四變觀，五變剥。六變復，變第四畫爲晉，爲遊魂。七變復，變内卦三畫，爲大有，爲歸魂。遊魂、歸魂是五變之後再變之卦，故只言五變，而不言七變，即是五以變者也。三五之變，錯於三百八十四爻之中，而綜於萬有一千五百二十之數。錯綜其數可知矣。

參天兩地

《繫辭》言：「參天兩地而倚數。」儒者往往説得不甚切當。王弼注云：「參，奇也；兩，偶也；七九爲陽，六八爲陰，奇偶是也。」參兩倚數之説，則未聞也。夫數之所由起，本於五行生成者是也。夫天一生水，成於地六；地二生火，成於天七；天三生木，成於地八；地四生金，成於天九；天五生土，成於地十。故一三五七九爲陽，二四六八十爲陰。考之天之生者三，地之生者兩，天三地兩，數之所由起。故曰：「參天兩地而倚數。」又五行生成之數，陽極於九，陰極於十，九者三三也，十者兩五也。亦得爲「參天兩地」。

生蓍

《繫辭》云：「幽贊於神明而生蓍。」蓋能以吉凶得失預曉於人者，神明也。神明不能與人相接，故聖人生揲蓍之法，探神明所爲吉凶得失者以示於人，使人知有避就。故曰「幽贊於神明而生蓍」也。揚雄認錯此意，以爲聖人有以幽贊於神明，而生出蓍草也，故《太玄》【四】云：「混渾天地而産蓍【五】。」誤矣。

六者三才之道

《繫辭》云：「六者非他，三才之道也。」凡卦六畫，皆具三才，下二畫爲地，中二畫爲人，上二畫爲天。以乾一卦觀之，故九二曰「見龍在田」，是下二畫爲地也；九三曰「君子終日乾乾」，是中二畫爲人也；九五曰「飛龍在天」，是上二畫爲天也。

太極生兩儀

《繫辭》云：「易有太極，是生兩儀。兩儀生四象，四象生八卦，八卦定吉凶。」後儒便以兩儀爲天地。兩儀既爲天地，而八卦中又有乾、坤，何也？殊不知此一段是聖人言生蓍之法也。四十九莖，聚而爲一者，太極也。分於兩手，而爲二者，即有陰陽二氣，是兩儀也。既分陰陽，揲之則有老陽、少陽、老陰、少陰，是四象也。遇老陽則其策三十六，遇老陰則其策二十四，少陽則其策二十八，少陰則其策三十二【六】。老陽之策三十六，是九揲之數也，故九爲老陽。老陰之策二十四，是六揲之數也，故六爲老陰。少陽之數二十八，是七揲之數也，故七爲少陽。少陰之數三十二，是八揲之數也，故八爲少陰。七八九六一定，而不可易者也。安得外求其説？

【四】太玄　原作「大元」，從四庫本改，下同。

【五】混渾天地而産蓍　原脱「混」字，四庫本作「渾混」，據《太玄》原文改。

【六】少陰則其策三十二　「陰」原作「陽」，據四庫本改。

易有八法

《易》之書其法有八，曰貞悔，曰對變，曰反對，曰互體，曰之變，曰世應，曰納甲，曰飛伏。明此八事，可與言《易》矣。

凡重卦，内象爲貞，外卦爲悔。舉一卦以明之，如雲雷屯䷂坎上震下，震爲貞，坎爲悔。

對變者如乾，對變則爲坤。

反對者如屯䷂，坎上震下。反對爲蒙䷃。艮上坎下。

互體者如屯䷂坎上震下。自第二爻至第四爻即有坤體，自三爻至第五爻即有艮體，是互體也。

之變者，易以變爲占。揲出少陽、少陰，則其爻不變。揲出老陽、老陰，則其爻變。所謂變者，陽爻即變爲陰，陰爻即變爲陽也。以乾、坤二卦舉一爻以明之。乾卦六畫皆陽䷀乾上乾下。若第一爻揲出老陽，即變爲姤䷫乾上巽下。坤卦六畫皆陰䷁坤上坤下。若第一爻揲出老陰，即變爲復䷗坤上震下。是爲之變也。

世應者，如乾之初九爻變陰，而爲姤，則姤卦初六爲世，九四爲應，䷫應䷫世。是爲世應。

納甲者，以六十甲子納於八卦爻中也。乾納甲、壬，坤納乙、癸，震、巽納庚、辛，坎、離納戊、己，艮、兑納丙、丁。列之於左：

乾	壬戌	壬申	壬午	甲辰	甲寅	甲子	坤	癸酉	癸亥	癸丑	乙卯	乙巳	乙未
震	庚戌	庚申	庚午	庚辰	庚寅	庚子	巽	辛卯	辛巳	辛未	辛酉	辛亥	辛丑
坎	戊子	戊戌	戊申	戊午	戊辰	戊寅	離	己巳	己未	己酉	己亥	己丑	己卯
艮	丙寅	丙子	丙戌	丙申	丙午	丙辰	兑	丁未	丁酉	丁亥	丁丑	丁卯	丁巳

飛伏者，如乾卦初九是甲子，變爲姤卦，姤乾上巽下，巽第一爻是辛丑，是辛丑爲飛神，甲子爲伏神也。他皆倣此。

精氣爲物游魂爲變

《繫辭》云：「精氣爲物，游魂爲變，是故知鬼神之情狀。」「原始反終【七】，故知死生之説。」孔子於鬼神之事未嘗言及，子路問事鬼神，則曰：「未能事人，焉能事鬼。」問死，則曰：「未知生，焉知死。」至《繫辭》則曰：「是故知鬼神之情狀。」「原始反終，故知死生之説。」夫鬼神之情狀、死生之説，舍《易》無以明之，而非可遽以語人者也。觀八卦之變，則鬼神死生之情狀、始終之義昭然可覩矣。凡卦至第六變爲游魂，精氣盡於此矣，是死而爲鬼神者也。至第七變而爲歸魂，是精氣復返，再生而爲人物矣。蓋八卦之變皆七，與正卦爲八，八卦之變，是六十四。舉乾、坤二卦之變以明之，圖之於左。

乾䷀。乾上乾下。乾一變爲姤䷫，乾上兑下【八】。二變遯䷠，乾上艮下。三變否䷋，乾上坤下。

【七】原始反終　「反」原作「要」，據四庫本及下引文改。

【八】乾上兑下　諸本同，按姤卦當爲乾上巽下。

四變觀䷓，巽上坤下。五變剥䷖，艮上坤下，至剥，雖下五爻已變，猶有上一爻是乾本體，精氣爲物者猶在也。至六變，却變第四爻爲陽，於卦爲晉，爲游魂䷢，離上坤下。則乾之精氣盡矣。卦爲游魂，故曰游魂爲變，乾之本體全不見矣。至第七變，再變内卦三爻爲陽，於卦爲大有，爲歸魂䷍，離上乾下。則精氣復返而爲物，乾體復見矣。

坤䷁。坤上坤下。坤一變爲復䷗，坤上震下。二變臨䷒，坤上兑下。三變泰䷊，坤上乾下。四變大壯䷡，震上乾下。五變夬䷪，兑上乾下。至夬，雖下五爻已變，猶有上一爻是坤本體，精氣爲物者猶在也。至六變，却變第四爻爲陰，於卦爲需䷄，坎上乾下。爲游魂，則坤之精氣盡矣。卦爲游魂，故曰游魂爲變，坤之本體全不見矣。至第七變，再變内卦三爻爲陰，于卦爲比，爲歸魂䷇，坎上坤下。則精氣復返而爲物，坤體復見矣。震、巽、坎、離、艮、兑准此。

六日七分

《易》六十四卦，三百八十四爻，除震、兑、坎、離四正之卦二十四爻爲二十四氣外，六十卦計三百六十爻，每一爻直一日，三百六十爲一歲之日。按一朞之日三百六十五日四分日之一，六十卦三百六十爻，則不足者五日四分之一矣。於是分一日爲八十分，五日四分日之一，計四百二十分，均該於六十卦之中，每卦直六日七分。

論太玄踦贏二贊

《易》六十卦三百六十爻，不可增減。《太玄》八十一家七百二十九贊，亦不可增減。《易》以一爻直一日，三百六十爻當朞之日，究朞之日數，則《易》爻少五日四分日之一，故分一日爲八十分，五日四分日之一爲四百二十分，六十卦每卦直六日七分，而周一朞矣。《太玄》以兩贊直一晝夜，而驗朞之日數，則《玄》贊亦少四分日之三，當如《易》不於卦外增爻，計所少之數，分一日爲幾分，均該於七百二十九贊之中足矣。乃於首外增踦、贏二贊。夫不增二贊，則所少者四分日之三，今增二贊，則多於朞之日四分日之一。此蘇先生所謂「四歲而加一日，千歲之後恐大冬之爲大夏」者也。蔣永叔《韶音集》進卷中却云：「揚雄立兩贊，多於朞數四分日之一者，日行遲緩，常至後天。故雄多此數分，以足周天之度。」歷數家固有此法，然豈有四歲加一日之理！按歷法，至七十五年始加一日也。蘇先生云恐大冬之爲大夏，却又不然。歷法：七十五年日退一度，而加一日，積至二萬餘年，亦將大冬之爲大夏矣。然自上古至今日之行度，久而必差，故堯時中星，至秦已差半矣，自太古至今，其差豈勝計哉！四時不至變亂者，日行自有黄道，其度雖有差，須至加日，四時初不易也。蘇先生是據冬至日在斗度，夏至日在井度，差至於井，則大冬爲大夏矣。不知自有黄道之運故也。

書説

召公不説

《書》云：「周公爲師，召公爲保，相成王爲左右，召公不説。」周公大聖，召公大賢，何故不相知心而有不悦之意？詳觀《君奭》一篇，蓋緣召公欲避位而去，周公作此以留之，一篇之中盛稱召公。當文、武之時，輔佐二人心德契合，周家所由得天下，有無窮之休美，皆召公之力，在今日不可不成就文王光大之業。召公既疑周公而不悦，周公安可無一言以曉諭之，而亟稱其美，似非人情，周公不爲也。又召公不説周公，在居攝之時庸或有之，今以復子明辟，同爲師保，而尚不説，必不然也。詳究其事，周公、召公當文、武之世以至於有天下，皆有大勳勞，特相武王以伐紂翦商一事，其謀決於周公、太公，則其勳名與召公不同，況又居攝七年，制禮作樂，以致太平，則其功又非人臣之所能爲者。其朝諸侯於明堂，召公以下皆北面而事之，一旦復子明辟，遂同爲師保，左右成王。師保位分體敵，召公之心有不能自安者，故欲引去，不敢與周公比肩。如是而不悦耳，豈相忌而不悦哉？蘇先生稱：「孔子厄於陳、蔡，其子弟自能相樂；周公在位，而召公猶且不説，是周公之富貴不若孔子之貧賤。」蘇公豈不知此？一時驅駕其説以爲文耳，學者不可以爲實。

江漢朝宗於海

《書》曰：「江漢朝宗於海。」按江、河、淮、濟謂之四瀆，以其能獨赴海也。水之赴海，皆有朝宗之勢，何獨於江、漢言之？且江、漢合於夏口，去海尚二千餘里，即有朝宗之説，何也？嘗推原其意，蓋江水逕夷陵，而東至於夏口，漢水逕漢中，歷魏興、上庸、興勢、襄陽，而南入於江，皆荆楚之境。其南當虞、夏時則爲三苗之國，以虞氏之化，而尚且弗率。逮有商之際，荆楚復爲患。故《詩》云：「奮伐荆楚，罙入其阻。」周之衰，昭王南征而不復。春秋之時，荆楚僭號稱王，常爲中國病。故《傳》曰：「有王者則後服，無王者則先叛。」蓋其民輕剽喜亂，歷世患之。聖人因二水合并東趨於海，故爲朝宗之説以示訓，猶曰水尚有朝宗，人而不知尊君親上之意乎？孔穎達疏略言及其意，而言之未詳。唐杜工部更天寶之亂，作詩獨出於忠憤，措意甚深，而用事不苟。其詩有曰：「蜀水會涪萬，瞿塘爭一門，朝宗人共仰，盜賊爾誰尊！」蓋用《尚書》「江、漢朝宗」之義也。

和夷

《書》云：「岷嶓既藝，蔡蒙旅平，和夷厎績。」鄭氏云：「和上所居之夷，和讀曰桓，其地去古既遠，莫得而詳也。」予讀《寰宇志》，洮州美相縣，本後周之洪和郡，周明帝武成九年置。洪和郡屬岷州，武帝時郡省，以縣屬同和郡，同和郡即岷州也。後魏大統十年置岷州，以南有岷山，故以爲岷，尋改爲同和郡。郡之政和縣有當夷廢城，唐貞觀二年亦置當夷縣於此。《書》稱：「岷嶓既藝，蔡蒙旅平，和夷厎績。」今洮、岷二州之間，郡縣有同和、洪和、政和之稱，岷州溢樂縣有步和川，又有當夷縣之名。名號之起有由來，又在岷嶓之間，竊意「和夷」之地蓋在於此也。鄭氏之説無所經見，非也。

湯始居亳非治亳殷

成湯所居之亳，與盤庚所治亳殷，實是兩地。成湯所居之亳，帝嚳嘗居之。帝嚳，有商之祖也，故曰「從先王居」。盤庚所治之亳，乃亳殷之地，故曰「新邑」。成湯之亳，在今應天府穀熟之地。盤庚所治之亳，在今河南府偃師縣之地。諸儒多以爲一地，其實兩地也。契始封商縣，故國號爲商，至盤庚都亳殷，於是始有殷之稱。至高宗又遷居河北之朝歌。

洛邑

洛邑爲地之中。按《史記·周紀》，武王有天下，已有營洛邑意，故先置九鼎焉。周公相成王，成武王之意，經營洛邑。觀《召誥》、《洛誥》之書，定都之意決矣，然而竟不遷都，姑以周公、君陳、畢公相繼尹之。成、康之世，四方無虞，太平數十年，迄無遷都之舉。推原其事，蓋緣商家賢聖之君六七作，遺德在民之久，周家雖得天下，關東之民懷商之意未泯也。三監之叛，其民有反鄙周邦之語，自非周公定之，關東之地已非周有矣。由是姑保關中百二山河之勢，以臨制東方，遂無都洛之舉也。遷殷頑民，正如漢高祖遷齊諸田、楚昭屈之類，蓋撥其强宗，以杜其亂耳。

三澨

「漢水過三澨，至於大别。」馬融、鄭玄、王肅、孔安國咸以三澨水名也。許氏曰：「澨者，埤增水邊土，人所止也。」按《春秋左氏傳》，文公十六年，楚軍次於勾澨，以伐諸庸。宣公十四年，楚令尹子越師於漳澨。定公四年，左司馬戌敗吴師於雍澨。昭二十三年，司馬薳越縊于薳澨。服虔云或謂之邑，或謂之地。南陽、淯陽之間，淯水之濱，亦有南澨之稱。《禮部韻注》亦云：「水邊土，人所止，其實水際是也。」究其他水際未有稱澨者，諸以澨爲名，皆漢、楚之地，恐是其土人以水次爲澨也。所謂三澨，莫究其所在。又按定四年，吴伐郢，楚子常濟漢而陣，自小别至於大别。然則三澨與二别，皆漢水近江之間地名也。

浮磬

《禹貢》「泗濱浮磬」，孔安國云：「水中石可以爲磬。」泗水中今無此石。按淮陽下邳縣西南八十里有磬山，先朝於此取磬石以供樂府，其山在泗水之南四十里，恐指此爲泗濱也。今在衢亦有「浮石」，蓋其石傍岸而生，浮於水上。又端州細石作硯，甚輕薄，土人亦謂之浮石。僕意泗濱之浮磬，亦其石輕細縝密，以浮稱之耳。

三江

按《禹貢》於揚州言：「三江既入，震澤底定。」孔安國不言三江所在。酈道元注《水經》，引庾仲初《揚都賦》注云【九】：「太湖東注爲松江，下七十里有水口分流，東北入海爲婁江，東南入海爲東江，與松江爲三也。」又《禹貢》言：「漢水東爲北江，入於海，江水東爲中江，入於海。」安國止云：「有北有中，南可知。」亦不言何者爲北，何者爲中，何者爲南。兩漢《郡國地理志》注並云：「北江在毗陵北，東入於海。中江出蕪湖西南【一〇】，東至陽羡入海。」桑欽《水經》亦云：「北江在毗陵北界，東入於海。」「中江在丹陽蕪湖縣南，至會稽陽羡縣入於海。」酈道元曰，江水「東注於具區，謂之五湖口【一一】」。蓋言蕪湖之江注於太湖，逕松江以入於海也【一二】。《水經注》又指是水爲南江。觀諸儒之説，震澤與大江，其中各有三江。據《禹貢》言「三江既入，震澤底定」，疑若震澤中自有三江也。其言江漢之水則曰「東爲北江」、「東爲中江」。有北有中，不應無南。是大江之中自有三江也。蓋嘗深究之，其實不然。《禹貢》於揚州之境所謂三江者，併震澤與大江之水而言之也。予觀桑欽《水經》，酈道元爲之注，其言水之源流支派至詳且悉，然二子言江漢之水，自彭蠡而下甚有疏舛。如言北江自毗陵北界東入於海，今大江自京口以東至江陰爲界，舊屬毗陵，謂之毗陵東北入海，然也。至言中江自蕪湖縣南，東至會稽陽羡入海，其説疏矣。按今太平州蕪湖縣，其南有水通大江，其水自蕪湖東至黄池鎮，又東至銀林，遂絶不通。自銀林十八里，謂之東壩，有水逕溧陽、宜興入太湖。故今江東諸州之運，必經由大江東至京口，以入運河，以隔於銀林之壩故也。蓋前代蕪湖之江，常逕溧陽、宜興以入

【九】揚都賦　原脱「賦」字，諸本同，據《水經注》卷二十九補。

【一〇】出蕪湖西南　「西」原作「四」，據四庫本改。

【一一】謂之五湖口　「口」原作「日」，據四庫本及《水經注》卷二十九改。

【一二】逕松江以入於海也　「海」原作「江」，據四庫本改。

於震澤，是爲南江。《漢志》所云陽羨，即宜興也。宜興之水首受蕪湖江水，逕縣之南【一三】，是曰荆溪。後以江水泛溢於太湖，爲吴中之患，故爲堰以限之。則《水經》指蕪湖之江以東通太湖，且謂之南江，其言亦未爲失也。蓋其水舊通太湖，逕今蘇州吴江縣之松江，東北入青龍江，以入於海者是也。按吴地，秦時雖併屬會稽郡，後分爲吴郡，故《漢志》言「首受蕪湖水，東至陽羨入海」，不言會稽，蓋後漢時陽羨已不屬會稽也。酈道元注《水經》，作於後魏之時，與桑欽之《水經》俱云「會稽陽羨」，而酈道元且謂與浙江合，豈不妄耶？又指蕪湖之水爲中江，皆不然。蕪湖之水東至陽羨者，乃南江也。僕平常疑諸儒之言三江者，而未究其實。後爲通州酒官，自蘇州常熟縣福山登渡【一四】，抵通州琅山岸。其江面逕八十里，八十里之中，其水有二道最深，而流甚急，土人謂其北者爲中洪，南者爲南洪，洪亦曰濡，兩洪之間皆沙夾，海船皆不可行，其可通行者，必於兩洪之中，惟小舟入水不深者方可徑渡。予方悟三江之説，其二蓋在於此，并蕪湖之江舊通太湖由青龍江而入海者，是爲三也。後又咨訪其迹，通州琅山之東北海門縣界有地名三江口，又東則青龍江入海處，乃《吴越春秋》稱范蠡去，乘舟出三江之口，入五湖之中者也。然後知三江之言，實主於此，可以無疑。其實江、漢之水自夏口併入，東會於彭蠡，至京口以東，漢水則分爲北江，江水則分爲中江。蕪湖之水首受大江，舊通太湖，出吴松注於青龍江，併入大江者，是謂南江，此所謂三江也。方三江之堙塞，震澤之水不得其所歸，而爲一方之

【一三】逕縣之南　「縣」原作「水」，據四庫本改。

【一四】登渡　「渡」原作「道」，據四庫本改。

害，三江既入，則震澤之水定矣。竊意三代之前，大江東下，江、漢之水分爲二洪，並流東注，其中蓋有斥鹵之地，以分其江域。去古既遠，日漸坍没，遂成沙洲，至今惟見一江之中其流有二，水深而流急耳。然大江之二洪，予以爲江、漢之水，《禹貢》之所謂北江、中江者，則今之中洪乃北江，南洪乃中江。而北人乃以中洪、南洪爲言者，實由北江之水去北岸最遠，居於水面之中，故土人指爲中洪，又居其南者則指爲南洪。其實今之中洪，乃《禹貢》之漢水東爲北江者是也，今之南洪，乃《禹貢》之江水東爲中江者是也。蕪湖水首受大江，東注震澤，自青龍併入大江之尾閭者，實爲南江。故曰《禹貢》之所謂三江，併大江與震澤之水而言之也。蘇先生子瞻嘗論三江，以豫章之水爲南江，併江、漢之水爲三江。詳《禹貢》之書，揚州界言「三江既入」，豫章亦揚州之界也。然江、漢之水自會於彭蠡之後【一五】，方曰「東爲北江，東爲中江」，而豫章之水乃今江西灨溪，與鄱陽等水會於彭蠡者也，安得援此以爲南江哉？然大江之流水之併歸者，却有三江。西自蜀郡而下東至海者【一六】，中江也；西北自漢沔而東至夏口，而南入於大江者，北江也；西南合瀟、湘、澧、沅之水，會於洞庭，至巴陵西合於大江者，南江也，則荆界亦可以稱三江。但《禹貢》所言「三江既入，震澤厎定」，據揚州之境而言，亦不得用此以爲之解也。

【一五】然江漢之水自會於彭蠡之後　「彭」原作「彰」，據四庫本改。

【一六】西自蜀郡而下東至海者　原脱「至」字，據四庫本補。

三禮説

月令

《堯典》仲夏之月，日永星火，謂心星昏中也； 至《月令》仲夏之月，則昏亢中。《堯典》仲冬之月，日短星昴，謂昴星昏中也； 至《月令》仲冬之月，則昏東壁中。考之《堯典》中星與《月令》中星，率差半次。所以如此者，蓋緣日行遲緩，月行疾速，日之行日行一度，月之行日行十三度十九分度之七。就其中日之行，又不能無毫釐之不及，故歷家率五十年而退一度。議者謂五十年爲太過，率七十五年而退一度。堯時冬至日在虚宿，故昴星昏中。至呂令二千餘歲，合退三十餘度，冬至日在南斗，故東壁昏中也。自漢而下以迄於今，中星之差，亦可得而推也。又《堯典》中星，只以二十八宿爲言，至《月令》，二十八宿之外，又指弧、建二宿以爲言。蓋由二十八宿之中，井、斗度最多，昏旦中星，人目所覩，春分之節，井星昏中，斗星旦中，二星其度闊，昏時井星已過西，而其實皆在井度，旦時斗星已過西，而其實猶在斗度。目之所覩，見其星已西，而指爲中星，則不能不惑，弧在井度之内，旦而正中【一七】，故又取二星以正昏旦也。

祭

凡食必取少許置於器中【一八】，以祭先造飲食之神，今人謂之出生者是也【一九】。故

【一七】弧在井度之内旦而正中　原脱此十字，據四庫本補。

【一八】凡食必取少許置於器中　「食」原作「祭」，與下文不合，據四庫本改。

【一九】出生者是也　「生」原作「身」，據四庫本改。

《禮》云：「飲食必祭，示有先也。」《周禮》「膳夫授祭品」，又人君之祭器，受之膳夫也。《魯語》云「君祭先飯」，謂侍食於君，祭則先飯，而次祭他也。

喪制

《禮經》五禮之中喪禮最詳。儒者以無益於進取，講論所不及，以古人所重，因敘其略。凡死，有復，有小斂，有大斂，有殯，有葬，有虞，有祔。士庶人始死【二〇】，即升屋而號，曰「皐某復」。若君，則復於小寢、大寢、四郊、庫門，以生時常所往處也。在道，則升車而呼。復者，蓋以旌招魂，而欲其復，盡愛之道耳。其旌即謂之重，置於坐，以受奠享，及已葬，反而虞祭，始爲木主，其旌則或綴諸主，或藏之。故《禮》曰：「殷主綴重焉，周主重徹焉。」其旌，今世俗謂之兆，揭於竿及置於坐者是也。始死，既復，其魂已不返矣，而後浴尸。惟君用鬯，蓋以香草置湯中，以浴尸也。春夏即用夷盤貯冰以寒尸。《周禮·凌人》「大喪供夷盤冰」是也。既浴，楔齒，綴足，帷堂。楔齒用角柶，以通飯含也。綴足謂聯綴履屨之屬。帷堂者，男女方亂，故帷堂。帷堂即換新衣，遷尸於户内。布絞，縮者一，横者三，君錦衾，大夫縞衾，士緇衾，皆一。先斂衣，次斂衾，以絞束之。然後加冒殺，君綿冒黼殺，大夫玄冒黼殺，士緇冒赭殺。凡冒質長與手齊，蓋以韜尸也。殺者，冒之下韜足者也。小斂又加夷衾。斂已，徹帷，未有席。天子七日，大夫五日，士三日而大斂。大斂亦有絞紟，縮者三，横者五，布紟二，衾君、大夫、士一也。君陳衣於庭，百稱；大夫

【二〇】士庶人始死　「士」原作「十」，據四庫本改。

陳衣於房東，五十稱；士陳衣於序東，三十稱。奠於堂中，有席。天子七月而葬，大夫三月，士踰月。既葬返，日中而虞，弗忍一日離也。虞置木主，用桑。是日也，以虞易奠，卒哭而成事。是日也，以吉祭易喪祭，其變而之吉也。比至於祔，必於是日也接，不忍一日未有所歸也。《檀弓》云「豈若速返而虞者」，蓋欲死者速有所依也。至祔於廟，又易虞主，周人以栗。

七廟九廟

鄭康成之説，王者親廟四，二昭二穆，與太祖之廟而五，周家七廟，后稷爲太祖，文、武二祧不遷，故有七廟。王肅以爲王者親廟六，三昭三穆，與太祖廟而七，周家文、武二祧不遷，共爲九廟。按《商書》言：「七世之廟可以觀德。」自周以前已有七廟，不緣文、武二祧而七，當以王肅九廟之説爲是。

祭存三古

凡祭，必存三古。郊血，大饗腥，上古之禮也。體其犬、豕、牛、羊，中古之禮也。實其簠簋籩豆鉶羹，近古之禮也。血祭血腥，未有火化，上古之俗然也。體薦則爓湯，中古之俗然也。至於簠簋籩豆，其食物膾矣，太羹不致滋味，鉶羹則加鹽菜之屬，近古之俗也。蓋祭祀之禮，求之上古，又求之中古，又求之近古，備古今之祭，以交於鬼神，於彼乎，於此乎，庶乎或饗之也。故《禮》曰「郊血，大饗腥，三獻爓，一獻熟」【二二】，又曰「血腥爓膾」，

【二二】三獻爓一獻熟　原作「一獻爓三獻熟」，據四庫本及《禮記》改。

祭皆備三古而言。

三年耕必有一年之食

「三年耕必有一年之食，九年耕必有三年之食，以三十年之通，則有九年之食，雖有旱乾水溢，民無菜色。」據三年而餘一年之食，二十七年已有九年之食，而必三十年通計方有九年之食者，蓋三十年本合有十年之食，緣三十年之中有十二箇閏月，多用一年之食，故通計只有九年之食也。孔子稱「必世而後仁」，以國用不乏，衣食足而知榮辱，人之情也，故必待三十年而王化洽也。古者制國用必於歲之杪，五穀皆熟，貢賦皆入，然後制國用，計一歲所入之數而四分之，用其三而舍其一，至三年，又足三分，可支一年。故三年必有一年之食，九年必有三年之食，三十年之通而有九年之食也。

土圭測景

洛陽陽城縣舊屬河南，今屬許州，周公測景以求地中之處也。其測景之法，蓋表八尺，以立於其地，又爲土圭長尺五寸，卧於表之北，夏至之日，日正中時，表景與土圭齊。謂之地中，乃於此建王國焉。若表立於此地之南，則景長，其地多暑；立於此地之北，則景短，其地多寒；立於此地之東，則其地夕多風；立於此地之西，則其地朝多陰。《周禮》稱日南、日北、日東、日西者，指陽城日景而言也。南北之景，率千里而差一寸，惟陽城之景，尺有五寸，爲地中也。

鄉遂

古者兵農一體，周家鄉遂之制，兵寓其中。近國爲鄉，爲鄉者六，郊之外爲遂，爲遂亦六。其鄉則五家爲比，五比爲閭，四閭爲族，五族爲黨，五黨爲州，五州爲鄉。遂則五家爲鄰，五鄰爲里，四里爲酇，五酇爲鄙，五鄙爲縣，五縣爲遂。其兵制則五人爲伍，比與鄰之夫也；五伍爲兩，兩二十五人，閭與里之夫也；四兩爲卒，卒百人，族與酇之夫也；五卒爲旅，旅五百人，黨與鄙之夫也；五旅爲軍，軍二千五百人，州與縣之夫也；五軍爲師，師一萬二千五百人，鄉與遂之夫也。蓋鄉、遂各有萬二千五百家，各有萬二千五百人，六卿率之，鄉則出征，遂則居守。魯人三郊三遂，是大國三卿也。

周家不用商聲

大司樂祭天神、地祇、人鬼，備宮角徵羽四聲【二二】。不用商者，周家木德，金尅木，商金也，故不用。

大宗小宗

古者諸侯卿大夫皆世襲，嫡子孫襲爵位，其庶子謂之別子，別子不得祭宗廟。故自別子以下則自爲宗。別子之嫡長子與嫡長孫相繼而下爲大宗，凡自別子出者皆宗之，不遷之宗也。《禮》所謂「宗其繼別子者，百世不遷之宗者也」。其別子之庶子，則又自爲宗，庶子之長子、長孫相繼而下爲小宗，自庶子出者皆宗子，至五世則遷。《禮》所謂「繼禰爲

【二二】備宮角徵羽四聲　「宮」下原有「商」字，據四庫本删。

小宗，五世則遷之宗」也。庶子爲禰，繼禰者庶子之子也。近代既無世襲，則無大宗，惟宗室則當有大宗、小宗，而無其制。故蘇先生欲使天下皆行小宗繼禰之法，蓋欲聯宗族以教親睦也。

兩之以九竅之變參之以九藏之動

《周禮・醫師》云：「兩之以九竅之變，參之以九藏之動。」人之身其陽竅七，陰竅二，總陰陽而爲兩。有疾而爲變，其事顯然而可知者也，所謂「兩之以九竅之變」者也。心、肺、肝、脾、腎、胃、大腸、小腸、膀胱爲九藏，其中有變不可得而見，而其血脈之動，常觸於寸口，醫之能知者，必於人兩手臂高骨之下，用三指測候之。九藏之動不逃於三指之下，因以決人之生死安危，和緩、俞跗之流，不能舍此而已疾也，所謂「參之以九藏之動」者也。

陰德陽德

《大宗伯》云：「以天産作陰德，以中禮防之；以地産作陽德，以和樂防之。」所謂陰德、陽德，曰陰陽者非奇耦也，蓋主隱之與顯也。漠然無朕兆之可窺者，陰德也，顯然有可驗之形者，陽德也。夫喜怒哀樂愛惡欲之根於性情者，出於天産也，是漠然無迹之可窺者也。此七情之發不以中禮防之，則人僞勝而天理滅，故曰「以天産作陰德，以中禮防之」。耳目口鼻手足軀體之間者，出乎地産者也，是顯然有可覿之形者也。其視聽言動不以和樂防之，則猖狂無所不至，故曰「以地産作陽德，以和樂防之」。《中庸》以喜怒哀樂未發之謂中，發而皆中節之謂和。禮者所以制中，而樂者所以道和也。聖賢不愧屋漏，而每謹其獨，如怒不遷而過不貳，是以中禮防其内者也。步趨則有環佩之音，升車則有和鸞之節，燕饗則有聲歌，在御則有琴瑟，手舞足蹈，而非僻無自而入，是以和樂防其外者也。

詩説

周南召南

《詩序》稱「用之鄉人焉，用之邦國焉！」稱「用」何也？按《儀禮》燕歌《周南》、《關雎》、《葛覃》、《卷耳》、《召南》、《鵲巢》、《采蘩》、《采蘋》。鄭氏云：「國君夫人房中之樂歌也。」《周南》、《召南》風化之本，故謂之鄉樂。蓋由房中以及朝廷燕饗，與鄉射飲酒俱用之也，故曰「用之鄉人焉，用之邦國焉」。魯《語》曰：「人而不爲《周南》、《召南》，其猶正墻面而立也與？」「爲」即與「用」同也。

芣苢

芣苢，《韓詩》直云車前，今俗人謂之蝦蟇衣者是也。《山海經》則芣苢爲木，云實似李，食之宜子，生於西戎。按二字從草，安得是木？又《芣苢》之詩，係周南所采之詩，既生西戎，周南之地在陝之東，其人安得而采之因以爲詩也？

長庚

《詩》曰：「東有啓明，西有長庚。」先儒多以爲一星，在西爲長庚，東爲啓明。非也。夫在西者昏見，在東者未明先見，是啓明居日之前，長庚居日之後，若是一星，豈應一昏旦之間昏在日後、旦在日前之理？按五緯之中，金、水二星常隨日，長庚、啓明乃金、水二星也。《漢書・高帝紀》：「冬十月，五星聚於東井。」高允、崔浩並以爲不然。蓋緣仲夏之月，日在東井，十月，日在尾、箕，金、水無緣會於東井也。五星之聚當在五月耳。

詩各有體

孔子删《詩》爲三百篇，《國風》、《雅》、《頌》各從其體而類聚之。有風體者則列之《國風》，有雅體者則列之《雅》，有頌體者則列之《頌》，雅又分大小二雅。只言一事，如《鹿鳴》燕羣臣嘉賓，《皇皇者華》君遣使臣之類，主於一事，如此之類即謂之小雅。如《烝民》之詩，《大明》、《文王》之類，其文非止一事，往往廣及道德政化之本，如此之類即謂之大雅。又有一詩而備三體者。《豳風・七月》之詩是也。《七月》之詩自「女心傷悲，殆及公子同歸」以上有風體，故爲豳風，自「爲此春酒，以介眉壽」以上有雅體，故爲豳雅，自「稱彼兕觥，萬壽無疆」以上有頌體，故爲豳頌，周家祀享通用之也。

生民玄鳥

帝王之興，必有神異，不可以常理推也。司馬遷言，后稷之生由姜嫄履跡而生，契之生由簡狄吞玄鳥之卵而生。故《生民》之詩云：「履帝武敏歆【二三】，載震載肅，載生載育，時維后稷。」又曰：「以赫厥靈，上帝不寧，不康禋祀，居然生子。」以其生之奇異，故置之隘巷、平林、寒冰之地以驗之【二四】，而名之曰「棄」。而《玄鳥》之詩特言：「天命玄鳥，降而生商。」則巨人跡、玄鳥卵，其事不妄矣。而說者乃云，詩人所言謂高禖從祀之時，隨帝之步武，以玄鳥至之日，祀於高禖，二詩之意皆主於高禖而爲言也。夫帝王高禖之祀特常典耳，豈惟后稷之生與契之生獨言之？厥初詩人之作，史遷之言爲是。

我姑酌彼兕觥

《卷耳》詩云：「陟彼高岡，我馬玄黃，我姑酌彼兕觥，惟以不永傷。」注云：「觥，罰爵也，燕饗所以用之者。禮自立司正之後，旅酬必有醉而失禮者，罰之，亦所以爲樂。」今人宴會求席中人舉動言語之謬誤者，則罰酒以爲笑樂，其所由來遠矣。

用金銀爲環置指間

《詩》注：古者「后妃羣妾以禮進御於君，女史書其日月，授之以環，以進退之。生子、月辰以金環退之，當御者以銀環進之，著於左手，既御者著於右手。事無大小，記以成法」。世俗之人用金銀爲指環，置於指間以記事，自古有之也。

有女同車

《有女同車》之詩刺鄭太子。序稱「太子忽嘗有功於齊，齊侯欲以文姜妻之，齊女賢

【二三】履帝武敏歆　查《詩》原文，其下脫「攸介攸止」四字，諸本同。
【二四】以驗之　「驗」原作「發」，據四庫本改。

而不答。卒以無大國助至於見逐。」鄭忽失齊之援，至於失國，其事則然矣。按文姜嫁於魯威，生子同，即魯莊公。其母文姜淫亂，爲二國患，《猗嗟》之詩嘗刺莊公不能防閑其母。《有女同車》之詩，反謂「齊女賢而不答」，何也？

關雎

《關雎》之詩本言后妃之德。首章言：「關關雎鳩，在河之洲，窈窕淑女，君子好逑。」夫關雎之爲禽，摯而有别，以況后妃之德明矣。窈窕淑女宜爲君子逑匹，是亦主后妃爲言也。夫窈窕淑女既言后妃，下章又言：「窈窕淑女，寤寐求之，求之不得，寤寐思服。」則所謂窈窕淑女，乃后妃之所求，似非主於后妃爲言也。既言后妃求窈窕之女，又以窈窕之女爲后妃，作詩之體不如是也。予謂，首章「關關雎鳩，在河之洲」二句，是況后妃之德，繼言「窈窕淑女，君子好逑」，迺后妃思得賢女以配君子之義。故序稱：「哀窈窕，思賢才，而無傷善之心焉。」其意可知也。夫人君自后妃而下，夫人、世婦、御妻，皆人君之逑匹也，不必以好逑之文專爲后妃也。

召伯聽訟

《行露》之詩云：「誰謂雀無角，何以穿我屋？誰謂女無家，何以速我獄？雖速我獄，室家不足。誰謂鼠無牙，何以穿我墉？誰謂女無家，何以速我訟？雖速我訟，亦不女從。」蓋言當時有强暴之男侵淩貞女，爭訟至於召伯之前。其間强暴之男初無納采、問名之儀，直欲以强爭取之，其訟爲易決。譬如雀之無角，豈能穿其屋，室家之禮不講，安能强取其女，其訟爲易決也。至於强暴之男有强委禽之類，指納采、問名之事，其訟爲難明。譬如鼠實有牙，信乎可以穿屋，雖疑似難辨之跡亦不能欺，終不女從也。此詩人所謂美召公之聽訟也。

左傳説

艮之八

揲得艮卦初六、九三、六四、六五、上九五爻，並遇老陰、老陽，其爻俱變，惟六二一爻得八爲少陰，不變。史氏見此爻不變，故曰艮之隨也。圖二卦於左：

艮䷳ 艮上艮下　此一爻爲少

隨䷐ 兌上震下　陰得八不變

亥有二首六身

史趙曰：「亥有二首六身，下二如身，是其日數也。」蓋以亥字横看以爲算位。故士文伯曰：「然則二萬六千六百有六旬也。」絳縣老人稱：「臣生之歲正月甲子朔，四百有四十五甲子矣，其季於今三之一也。」蓋自其年甲子，至今甲子，四百四十有五甲子，末後一甲子，得甲子、甲戌，終癸未，計二十日，至後甲子尚少四十日，故曰「其季於今三之一也」。四百四十五甲子，總計二萬六千七百日，少四十日，則是二萬六千六百六十日也。史趙、士文伯之言數，與絳老所言不差。但《傳》文師曠言七十三年。計七十三年，只當二萬六千二百八十日，尚有三百八十日，則是七十四年有奇也。考之魯叔孫惠伯會郤成子承筐之歲，正是七十四年，印文傳寫誤以四年爲三年耳，非師曠所言之誤也。若據二萬六千六百六旬之數，七十四年當二萬六千六百四十日，尚多二十日，雖稱七十五年可也。師曠只指會於承筐之歲計七十四年者，蓋絳老生在會於承筐年中，不必在朔旦甲子而生，不得以朔旦甲子計其年數也。

風馬牛

《書》云：「馬牛其風，臣妾逋逃，勿敢越逐。」兩境相接，馬牛或有風逸，臣妾或有逋逃，越逐不復，即起爭競之端，故《費誓》以此告戒，欲息爭端也。齊國邊北海，楚國邊南海，封境隔遠，雖是馬牛風逸，越逐不復之爭，無緣相及，何事而兵臨其地？屈完問齊之意，蓋如此耳。杜氏注云：「馬牛風逸，邊境之細事。」解釋甚明，學者不照杜氏所注，多憑臆見。有云馬順風牛逆風，兩者相背。或云馬牛風逸，相逐亦不及其地。並失本意。

包茅縮酒

《禹貢》言「包匭菁茅」，蓋二物充祭祀之用，欲致其齊潔，故包而匭之也。孔安國於包茅下注「橘柚」，是據「厥包橘柚錫貢」之文，以包爲橘柚。謬矣。夫祭祀所以必有茅者，爲欲縮酒也。蓋古之爲酒，不如近代用縑素爲袋以取清酒，其取之也頗簡率，必有糟粕之屬不能盡去。按《周禮》五齊，曰泛齊，曰醴齊，曰盎齊，曰緹齊，曰沈齊。注云：「成而滓浮泛泛者爲泛齊，成而翁翁然葱白色者爲盎齊，成而滓沈者爲沈齊。」三酒曰事酒，曰昔酒，曰清酒。清酒祭祀之酒，乃沈齊也。雖名爲酒，仍有滓漬沈於其下，故當其祭祀之際，必有束茅，以酒沃其上，以去滓漬，欲其清而潔也。其説見於崔靈恩《三禮義宗》。今人有喪奠之者，亦束茅一截，置於盤中，裸酒必沃於茅之上，亦上古縮酒之儀制。俗人不知此，以爲使若鬼神吸之。鄭氏《周禮》注亦如此説。陋矣！

先軫

晉文之霸，成於城濮之戰，城濮之勝，成於先軫之謀。合齊、秦之交，而使楚人不得不戰，軫之謀也。如使宋人賂齊、秦，藉之以告楚，執宛春及曹伯，分曹、衛之田，以激楚之怒，齊、秦之交合矣，楚人不欲戰而不能矣。敗楚以釋宋圍，諸侯震恐，其誰敢不服？借使當時之謀不如是之婉，楚人雖釋宋而歸，不決於一戰，豈能遽然號令諸國若是其速哉！但其謀詭譎，非仁義之兵。而黠數機巧，有以役使與國，俾强敵亦由之而不知，亦可喜也。

兩葵邱

「齊侯使連稱、管至父戍葵邱」，又「諸侯盟於葵邱」。杜預注「戍葵邱」云「臨淄西」，注「盟於葵邱」云「陳留外黄東有葵邱」，蓋兩地也。京相璠云：「齊西五十里有葵邱，蓋連稱所戍之地也。」《寰宇誌》：「開封府考城縣東一里有葵邱，蓋所盟之地也。」按《左傳》稱：「齊侯使連稱、管至父戍葵邱，瓜時而往，及瓜而代。期至，請代，弗許，故謀作亂。」使其從妹之在公宫者爲間，而弑襄公。若非所戍之地近於齊都，安能謀及婦人【二五】，而爲公室之亂乎？則爲臨淄西之葵邱是也。又按齊威公爲葵邱之會，晉獻公往會之，遇宰孔曰：「可無會也。齊侯不務德而勤遠略，故北伐山戎，南伐楚，西爲此會也。」若所會之地去齊稍近，安得指其遠略，而有「西爲此會」之言哉？則考城之葵邱是也。陳留、開封一也。臨淄即齊之所都。

魚麗陣

「原繁、高渠彌以中軍奉公爲魚麗之陣」。《司馬法》：二十五乘爲偏，蓋以車列於前，以步卒五伍相承於其次，以彌縫偏之闕漏。其陣非圓非方，形不畫一，而綴於後，狀如羣魚游於水面然。是爲魚麗之陣也。

歌鐘二肆與其鎛磬

《傳》云：鄭人賂晉侯以歌鐘二肆與其鎛磬者。按《周禮·小胥》，「凡縣鐘磬，半爲堵，全爲肆」。鄭康成曰：「鐘磬編縣之十六枚而在一簨簴，謂之堵，鐘一堵磬一堵謂之肆。」蓋贈晉侯以四堵之鐘也。又新築人仲叔于奚請曲縣，是欲鐘磬各用一肆，以僭大夫之禮也。蓋天子宫，縣鐘磬各四堵，其形如宫。諸侯軒，縣鐘磬各三堵，徹其一面，形如

【二五】謀及婦人　原脱「謀」字，據四庫本補。

軒。大夫曲，縣鐘磬各二堵，又徹去其一方，其形曲也。《周官》曰【二六】：「判縣，士特縣。」鐘磬各一堵，三方皆無，只有其一，故曰「特」也。十六枚爲架，架者是爲編鐘編磬。又自有鎛磬、鎛鐘，隨月律而爲之制，皆特縣於一架。

魏絳

用兵之道，要歸於廟算。晉悼公之霸，其功全在魏絳。方無終子嘉父納虎豹之皮，以請和諸戎，悼公將勿許。魏絳曰：「諸侯新服，陳新來和，將觀於我，我德則服，否則攜貳。勞師於戎，而楚伐陳，必不能救，是棄陳也，諸華必叛。獲戎失華，無乃不可乎？」於是和戎。三駕而楚不敢與爭，楚人不敢加兵於中夏者二十有五年。豈非廟算之勝乎？蓋不肯勞師於所緩之地，蓄其勇鋭，以全制其人也。至章邯將秦兵以臨關東，關東諸雄所可慮者劉、項，雖項梁之軍再破，猶未可以蔑視也。而邯以爲楚不足慮，方且左馳右鶩以獵羣寇，又且引兵渡河，盡鋭以攻鉅鹿。故項救趙，而邯力不能支，一敗而不可復振。其廟算爲何如哉！

其處者爲劉氏

左氏：士會自秦歸於晉，「秦人歸其帑，其處者爲劉氏」。由左氏突然有此一句，故漢儒推原其始謂：「陶唐氏之後有劉累，范氏其後也。士會之歸，別族在秦者復累之故姓。」班固《高帝贊》曰：「漢帝本系出自唐帝，降及於周，在秦作劉。」左史亦因之以得列

【二六】周官曰　「曰」原作「名」，據四庫本改。

學官。劉漢之將有天下，邱明其先知之耶？抑附會而爲之説耶？此一句甚異。

元后

今大名府元城縣，《春秋》僖公十四年，沙鹿崩。晉史卜之曰：「陰爲陽雄，火土相乘，故有沙鹿崩。後六百四十五年宜有聖女興。其齊田乎？」其後翁孺自齊徙元城，正直其地，日月當之。王氏爲舜後，土也，【二七】漢火也。王禁生政君，其母夢月入懷，年十八詔入太子宫，生成帝，爲元后【二八】。漢道汙，四世稱制，故曰「火土相乘而爲雄」也。揚雄作誄曰：「太陰之精，沙鹿之靈，作合於漢，配元生成。」

【二七】王氏爲舜後土也　原「王」與「土」字互乙，據四庫本改。

【二八】爲元后　「后」原作「氏」，據四庫本改。

校勘記

卷中

語孟説

北辰

「爲政以德，譬如北辰，居其所而衆星拱之。」先儒觀極星居其所而不動，遂謂以德爲政者無爲而治，如北辰之不動而衆星拱之也。其道理則是，但極星初非北辰，又極星人雖不見其動，亦自運轉，未嘗不動也，但其運轉也微，人覩其旁星之轉動，而不知極星之轉動耳。《春秋》傳云：心爲大辰，伐爲大辰，北辰爲大辰。所謂北辰，原非北極也。北極與南極，處天樞之中，兩極相對，以運轉天體。北極一星，道家所謂北極紫微大帝者是也。紫微垣中，北極之傍，華蓋之下，勾陳之中，一星曰天皇，道家所謂天皇大帝者。是謂北辰星之至尊，主宰萬物，衆星之所拱者也。其星一晝夜運轉一周，亦未嘗不動。又昔之考察星候者，常用竹管穿壁以望，極星終夜之間或在管之中，或在四旁，但不出管外。蓋運動天樞之中，其動也微耳，亦不爲不動。常究其所以然者，蓋緣渾天之象有類於輪，南北二極迺轂之兩端，運於樞中者也。夫車輪遠於轂，則其轉也疾而彰，近於轂，則其轉也緩而微。至於樞間轂端之轉，迫而視之，則見其動，遠而視之，則宛然不動也。指北極爲北辰，且謂其不動者，不達於天文故也。孔子所言，取其居所而衆星拱之而已。

執圭鞠躬如也

《鄉黨》曰：「執圭，鞠躬如也。」按《鄉黨》一篇，記夫子居鄉在朝廷宗廟禮儀之事也。夫公侯伯方執圭，子男則執璧【一】。孔子魯大夫，如何執圭？蓋夫子出聘他邦之事也。《禮》曰：「大夫執圭而使，所以申信也。」凡大夫出聘，則奉君之瑞玉以行，若其身至然，以致其敬也。魯侯爵，當執信圭，夫子蓋嘗持以聘鄰國也。《鄉黨》之文自「執圭，鞠躬如也」，至「私覿，愉愉如也」，皆言出聘異國之禮儀也。

禘自既灌而往

「灌」字同音者三。《詩》云「祼將于京」，《語》云「禘自既灌而往」，《易》云「觀盥而不薦」。是三字者，「灌」與「盥」同義，謂以水灌洗、灌爵、灌手之類也，「祼」則以酒祼獻於神也。《論語》云：「禘自既灌而往，吾不欲觀之」者，灌爵之後則行薦獻之禮。禘之爲禮，羣廟之主皆至於太廟，與大祫同。君釋服之後，講大祭者二，曰禘曰祫，其後凡五年而再祭。祫則羣廟合食，禘則主於審諦昭穆。既灌之後，行薦獻之禮【二】，其禮自上而下，魯躋僖公，昭穆不正，故孔子稱「不欲觀之」，而不斥言其故也。或有人援《易》「盥而不薦有孚顒若」之説，以爲既薦則精誠少懈，故孔子不欲觀「既灌而往」。非也。《易》所謂

【一】子男則執璧　原脱「男」字，據四庫本補。
【二】行薦獻之禮　原脱「行」字，據四庫本補。

「盥而不薦有孚顒若」者，謂精誠内充，不假於物，而其孚自顒若也，至於薦，則其孚固非有損，假於物而有可見之迹也。若曰「既灌而往」則不欲觀，則所以灌者何事也？

知之次也

子曰：「蓋有不知而作之者，我無是也。多聞，擇其善者而從之，多見而識之，知之次也。」此段説話，自來儒者解釋不甚通徹。其要旨在「作」字上。吾夫子當周末之時，述作者紛紛，不知惟聖賢然後可以作。如伏羲氏作《易》，大禹、皐陶之作《謨》，伊尹之作《訓》，箕子之作《洪範》，皆有生知之質，明乎天人之際，故能有所作，以垂萬世之法式。末世蓋有無知見之明而遽有所作者，虚無詭異，叢碎駁雜，且無知於天地之間，往往有之，所謂不知而作之者也。如夫子之作《春秋》，亦何愧於羲之《易》、箕之《範》。然夫子不以生知自居，故不以作經自任，故嘗有「述而不作」、「信而好古」之言。又曰：「我非生而知之者，好古，敏以求之者也。」其立言垂訓，有次於述作之事，而曰「多聞，擇其善者而從之，多見而識之，知之次也」。其意以爲己之述作者如此，故無悖理傷道、迂闊不經之患，雖不可以匹生知之賢聖，亦可以爲知之次，與不知而作者異矣。予於此有以見聖人退讓之意，又足以明述作之要云。

叩其兩端

子曰：「吾有知乎哉？無知也。有鄙夫問於我，空空如也，我叩其兩端而竭焉。」此一段説話，亦學者之所難曉者。先儒釋兩端爲終始，不知有何意義？能知兩端之説，則數句格言通徹貫串，洞然無疑者矣。夫語道之要只是兩端，真僞是也。夫降衷之性存乎人，道德仁義得於天然者，真也；喜怒哀樂愛惡欲之發乎人之情者，僞也。天真不明，而人僞勝，則爲小人，爲禽獸；天真昭晰，而人僞不能亂，則爲士君子，爲賢聖。孔子發簡要簡逕之言，以曉悟學者，無若此數語者矣。孔子之意若曰：我安能自有所知哉！我之所知，匹夫匹婦可以與知者也。天下之人不能知之者，以不能明其孰爲天真，孰爲人僞也。二端不明，而欲知道之所存，難矣！能照破兩端，而别其真僞，雖愚鄙之夫，亦將竭盡其自然之知識，而不疑於道矣。故曰：「有鄙夫問於我，空空如也，我叩其兩端而竭焉。」空空者，未有知識而誠慤内充者也，故夫子叩以兩端，而遂能洞曉。若先有知見，則又爲聰明所累，未見其能竭焉也。

子路

孔子於羣弟子中，貶駁季路甚多，季路於孔子亦有抵忤處，學者往往以此少之。僕謂孔門自淵、騫、伯牛、仲弓數人下，可進道者，無如季路。顔子之如愚，固與聖人心相契合，子路則有疑而未達處，不肯遽以爲是，故不能無抵忤。蓋學道到有疑處，亦甚難得者也。

微生高

子曰：「孰謂微生高直？或乞醯焉，乞諸其鄰而與之。」註者謂孔子言微生高之非直，是不明夫子之意者也。蓋直有正直之直，君子所尚，如《易》所謂「直方大」是也；有執直之直，君子少之，如孔子稱「直哉史魚」，「君子哉蘧伯玉」是也。微生高在當時，諒有以執直名之者，夫子見其乞鄰一事，有以知其亦能圓轉委曲以盡人情，蓋謂其非執直者所爲也。不然，乞醯於鄰以與人，何至得罪於君子之門哉？

晝邑

東漢注云：「晝，中邑名也。」晝音獲，胡麥反。故城在今西安城東南，有晝水，因名焉。「孟子去齊宿於晝」。今學者相承讀爲晝夜之「晝」。嘗考齊地無晝邑。趙岐云：「齊西南近邑也。」按《史記》「王蠋，晝邑人」，注云：「晝，齊西南近地。晝音獲。」與東漢注音同。蓋讀爲「晝」者，俗師相承之誤也。又《水經注》云：「臨淄西南二十五里有澅水，土人謂之宿留水，以孟子去齊嘗宿於此故也。水西有王蠋墓。」

孟子

孔子之後可以傳道者，莫如孟子。孔子嘗曰：「吾未見剛者。」或對曰：「申棖。」子曰：「棖也慾，焉得剛？」且如子路之行行，可謂剛强，不屈不求，可謂無欲。然亦尚有未到處，夫子以此未許。只「剛」之一字，所占地位甚廣，孔子所以嘆當時之未見也。孟子深明厥旨，於是有「浩然之氣」之説，以爲「至大至剛，直養而無害，塞乎天地之間」，是因夫子未見剛者之言而發明之也。孔子之繫《易》，有曰：「一陰一陽之謂道，繼之者善也，成之者性也。」孟子深明厥旨，於是有性善之説。推原人心，其惻隱者爲仁之端，羞惡者爲義之端，辭讓者爲禮之端，是非者爲智之端。以爲天然固有之善，人生而具者，是因夫子「繼之者善，成之者性」而發明之也。其他言與孔子契合者甚多。故曰可以傳夫子之道者，莫如孟子也。

諸子言性

先儒嘗謂：「孔子之言『性相近也，習相遠也』，雖有相近之説，而不言其善惡，自孟子始有性善之説。孟子既以爲善，故荀卿以爲惡。善惡，孟、荀已言之矣，故揚雄以爲善惡混。善惡混，揚雄既言之矣，故韓愈以爲有上、中、下三等。起諸子紛紛之論者，蓋自孟軻啓之。」是説何其淺也。君子之語道，惟其是而已，豈宜求異而自立其説哉？殊不知孟子性善之説，蓋本於《易》之「繼之者善，成之者性」之説，其言當於理，真不易之論也。荀卿之所謂惡者，是以情爲性也；揚雄之所謂善惡混者，是以習爲性也；韓愈之所謂上、中、下三等，是以才爲性也；皆不明其本。明其本者，惟孟子性善之説爲至當。

瞽瞍底豫

《書》曰：「帝初于歷山，往于田，號泣于旻天，負罪引慝。祇載見瞽瞍，夔夔齋栗，瞽瞍亦允若。」允之爲言信也，若之爲言順也，言瞽瞍見舜純孝如此，亦爲感動而信之順之也。方在歷山之時，已能以至誠感動瞽瞍，而使之信順，象之傲慢，於此亦必少悛矣。故

「師錫帝曰：『有鰥在下曰虞舜，父頑、母嚚、象傲，克諧以孝，烝烝乂，不格姦。』」夫人日與善人居，則不能不化而善；與惡人居，則不能不化而惡。況乎終日與頑嚚傲狠者居【三】，日以戕賊殺害者之爲務，雖以賢智者處於此地，豈能不爲之動心而起忿懥之心哉！忿懥之心一萌，則至於姦矣。惟舜大孝之誠，根於天性，如真金之在鎔，百鍊而不可變易，故能烝烝以自治，不至於姦，其于父子兄弟之間，能盡其道如此。堯又欲觀其所以處室家者，於是以二女妻之，以觀其内行。而二女果不敢恃其貴驕，事舜親戚甚有婦道，《書》所謂「嬪於虞」者是也。夫夫婦婦，父父子子，兄兄弟弟，各得其所，而人道極矣，故堯舉天下而付之。《孟子》曰：「舜盡事親之道，而瞽瞍底豫，瞽瞍底豫而天下化，瞽瞍底豫而天下之爲父子者定。」《孟子》之所謂底豫，即《書》之所謂允若者也。蓋嘗謂父慈子孝、兄友弟恭，人倫之常道，中人皆足以服行。惟舜遭人倫之變，厥父母厥弟不惟不慈不恭而已，日以殺舜爲快，而舜則惟盡其在己者，而不顧其在彼者，至誠所格，而瞽瞍亦爲之悦豫。三綱五常之道，至此而益明矣，至此而臻其極矣！故史稱明德自虞帝始，非謂堯以上明德不著于天下，正謂虞舜遭人倫之變而克盡其道，使三綱五常之義一定而不可變。謂自虞帝始，誰曰不然者！

耕者九一

井田之制什一而徹，孟子言「耕者九一」何也？蓋一井之地爲九百畝，其中爲公田，八

【三】與頑嚚傲狠者居　原脱「居」字，據四庫本補。

家皆私百畝，同養公田，則是九一，安得爲什一也？蓋八家於公田百畝之中，又得二畝半爲廬舍，八家共占二十畝，只爲公家耕八十畝。八家皆私百畝，爲公家耕八十畝，每家十畝，是什一也。孟子言「五畝之宅」者，此外保城之中又占二畝半，冬月居之，是爲五畝之宅。

金聲玉振

《孟子》曰：「伯夷，聖之清者也；伊尹，聖之任者也；柳下惠，聖之和者也；孔子，聖之時者也。孔子之謂集大成。集大成也者，金聲而玉振之也。金聲也者，始條理也；玉振之也者，終條理也。始條理者，知之事也；終條理者，聖之事也。知譬則巧也，聖譬則力也，猶射於百步之外也，其至爾力也，其中非爾力也。」孟子之意，蓋謂伯夷之清、伊尹之任、柳下惠之和，三者力量皆得到聖人地位，曰清、曰任、曰和，俱得爲聖人之事，如射之能至者也。但三人者各得其一，而未能兼通，惟孔子爲聖人之時，時清則清，時任則任，時和則和，如射之能至又能巧中者也。故曰：「孔子之謂集大成。集大成也者，金聲而玉振之也。」謂其兼聖智而全盡之也【四】。如三人者，但力量可以到聖人地位，而未能全盡聖智之事，譬如射者能至未能中也。始終條理者，亦舉樂中金聲玉振爲喻。「條理」二字與「清」、「和」、「任」、「集大成」之義初無干涉，蓋作樂之條理。鐘爲始而磬爲後，始以鐘聲合樂，至其成則以磬聲爲準。故《周禮》以鼓鐘奏九夏詩云：「既和且平，依我磬聲。」是金聲爲始，而玉聲終之也。孟子取喻，若曰：金聲也者，作樂之中始條理也，玉振之也者，作樂之中終條理

【四】兼聖智而全盡之也　原脱「智」字，據下文及四庫本補。

也。始條理主謂金聲，以譬智之事，謂金聲有洪有殺，圓轉而善應者，故爲智之事。終條理者主謂玉振，以譬聖之事，謂玉聲有一定之體而不可易，故爲聖之事。「條理」二字，自主於作樂鐘磬之始終，初不指聖智爲言也。學者不明其指，遂謂始條理者是智，終條理者是聖，生出聖智終始條理諸論，不知智如何是始？聖如何是終？智之條理如何？聖之條理如何？科舉之文，穿鑿撰造，必巧爲之説，牽强可笑。

盡心

《孟子》曰：「盡其心知其性，則知天矣；存其心養其性，所以事天也。」盡心知性而知天，是知見之事，存心養性以事天，是踐履之事。

辨經傳所言天

經傳之言天有二義，有天地之天，有自然之天。夫天之與地固有一定之名，天下有自然之理，出於有爲知見之所不能到，則歸之天。此非天地之天，蓋自然之理，不可以形迹窺，而謂之天也。《中庸》言：「天命之謂性。」説者便謂性出於上天之所命。夫天固主死生禍福之權，又安能以性而與人哉？苟能以性與人，賢、智、愚、不肖，天何付畀之不同也哉？故《中庸》之所謂「天命之謂性」，以性乃天然固有而命之於人者也，如孟子所謂「知天事天」。知天者，謂明乎天然之理；事天者，謂循乎天然之理也。

天上帝

《孝經》云：「昔者周公郊祀后稷，以配天；　宗祀文王於明堂，以配上帝。」先儒以天與上帝爲二，伊川謂以形體言之爲天，以主宰言之爲帝。　非也。后稷配天者，謂昊天上帝也，文王配上帝者，謂太微五帝感生者也。《周官》大饗是祀昊天，大旅是祀五帝。周家文、武之功起於后稷，故推以配天，文王受命作周，故配感生帝。　周家木德，即是以文王配靈威仰之帝也。

天文歷數説

四遊

先儒嘗有四遊之説。　謂地居天中，有升有降，或南或北。　其説謂地在天之中，舊説如卵之黄者是也。　自春分漸降，而又漸漸著南，至夏至極南，降而下一萬五千里。　自夏至節後即漸升而上，又漸漸著北，至冬至極北，升而上亦一萬五千里。　冬夏二至，地或南或北，升降上下於三萬里之間。　故冬至地升而上者萬五千里，又最著北，故日居於南而去天近，所以日晷至短。　夏至地降而下者萬五千里，又最著南，故日居於北而去天遠，所以日晷最長。　春秋二分，地升降上下與南北皆居中適平，在三萬里之中，日居天地上下南北之中，故日晷不長不短。　其説見鄭玄，不知其説自誰始，亦大費思索矣。　然非至當之論也。　蓋緣先儒不詳渾天之形，覩日有南有北，去地有遠有近，而晷有長有短，故爲是説。　殊不知地至靜之體，安得有遷動轉移而上下升降南北往來之理哉？　蓋渾天之體，其形如卵，地居其中，周天三百六十五度四分度之一，周圍其外，天半在地上，半在地下。　一日運轉一周，赤道帶天之紘，居南北二極之中。　黄道斜運，半在赤道内，半在赤道外，在赤道内極北，去赤道二十四度，在赤道外極南，去赤道亦二十四度。　日行雖曰左旋，而實循黄道。又有南有北，冬至則極南，去赤道二十四度，與黄道同；　夏至則極北，去赤道二十四度，與黄道同。　春秋二分則當赤道與黄道所交之中，南去冬至日之所在二十四度，北去夏至日之所在亦二十四度，二分二至或南或北，進退往來於四十八度之間。　緣天體北高而南下，南北二極相對，北極出地三十六度，常見而不隱，南極入地亦三十六度，常隱而不見。北極出地而高，南極入地而下，天形北高而南下，則天之中赤道之中分南北者，不在人頭之上【五】，而近南稍下矣。　由是冬至日行至黄道極南之處，去地近而晷短，夏至日行至黄道極北之處，去地遠而晷長。　蓋兩極居天之樞，一高一下，日循黄道運於其中，故冬至日行地下多而地上少，夏至日行地下少而地上多，此日晷長短之不齊耳。　明乎渾天之象，則日月星辰之行，與夫四序推遷之道如示諸掌，四遊之論無取焉爾。

地深厚之數

天體周徑以度推考之，亦可以步里計。　惟地之深厚，古人未有言其數度者，予嘗冥搜而得之。　地准天度之數，厚八度八百分度之六百四十一，蓋用天輪運轉與刻漏而推之也，

【五】不在人頭之上　「頭」原作「天」，據四庫本改。

其説斷然有不可易者，非臆測牽强而云爾也。蓋日入地則爲夜，出地面方爲晝，將昏時日已入地矣，更二刻半方黑，曉時日未出地面，先二刻半已明。用此爲旁照，則地之深厚數不可逃矣。夫日已入地而未黑者，蓋尚在地之側而未入地下，故光透上而未黑也，至二刻半轉入地下，而始黑矣。日未出地面而先明者，蓋已出地之下，故光透上而先明也，至二刻半，而日方出於地之面矣。日之出入，隨天體而運轉，一日一夜而一周天，周天三百六十五度四分度之一，一晝夜凡百刻，百刻之中日隨天運轉三百六十五度四分度之一，則二刻半合轉八度八百分度之六百四十一也。予嘗以此約昏旦，地之厚薄少差，則晝夜漏刻於二十四氣之中皆差，惟是此數與歷相應。

天地之形

舊説天形如卵白，地形如卵黄，中高而四隤。予嘗深究之，天形如卵是也，謂如卵黄中高而四隤，非也。地居天上下四圍之中，其形如餅，北微高而南微下，八度八百分度之六百四十一爲之深厚，此地之真形也。夫洛陽陽城縣爲地之中。若地中高四隤，陽城之地當絶高於天下也，而東西南北皆漸低而下，望陽城若居霄漢之上矣。今地惟北高南下，則知中高四隤之説爲非是也。或曰地有山嶽河海，高下之不同，烏得其平如餅？殊不知以人之所覩言之，其險夷萬狀，安得如餅，以天之高遠地之深厚言之，山嶽河海之高下曾幾何也？升乎宇宙之表而下視之，吾見其平之如餅矣。

渾蓋

説天之家有曰《周髀》，曰宣夜，曰蓋天，曰渾天，而歷代太史之所用者，不出於渾、蓋。揚子雲深於天文者也，其《法言》語蓋天，則曰「蓋哉！蓋哉！應難未幾也」。語渾天則洛下閎營之，鮮于妄人度之，耿中丞象之，幾幾乎莫之能一也【六】。夫蓋、渾之爲用一也，但蓋天之形狀如倚蓋，故南方星度漸向疏闊，不與近北者同，又南極隱而在下，當與北極相對，無他位可以指定其處，此其不如渾天之密也。然渾天惟制器可以備列辰象，不可以爲圖。凡今之所謂渾天圖，實蓋天之法，而寫蓋天之形也。《堯典》「在璿璣玉衡，以齊七政」【七】，儒家解釋往往不明。愚謂璣者周旋而運轉者也，衡居中而不動者也，璣之運轉必出入乎衡之上下，以正朝夕。周旋而運轉者，天也，居中而不動者，地也。以是知「璿璣玉衡」即渾天也。洛下閎諸公其知此矣。愚以玉衡爲地，則所謂地形如餅信矣。此説惟深於天文者可語，當今有張平子者，僕將持是以質之。

二極隱見之度

舊説北極出地三十六度，周圍七十二度内星象常見而不隱，南極入地亦三十六度，周圍七十二度内星象常隱而不見。《唐志》云，浮海者見老人星下有星，明大者甚多，而不知其名。所謂隱而不見者也。按老人星常於二月、八月見於桑榆間，蓋居南極七十二度之外，出乎地面之上者也。北斗之星常轉著于地而復起，蓋居北極七十二度之内者也。

【六】幾幾乎莫之能一也　四庫本「一」作「違」。

【七】堯典在璿璣玉衡以齊七政　四庫本同，然是條引文見于《尚書·舜典》。

夫北極高而南極下，其説是矣。愚嘗推究之，二極之出地與入地，皆不及三十六度之數，其出入之度實二十四度而已。何以明之？北極與南極相去一百八十三度弱，南極又在地下三十六度，則自北極而南，至地面一百四十七度，南極至赤道九十一度半弱。冬至之日又在赤道南二十四度，三十六度又入地中，冬至日中時，日去地只三十一度半弱。夫地面而至天中，謂之天徑之半，則其高九十一度。今冬至之日當日中時去地僅三十一度半，則冬至之日晷不能及四十刻，其他四時之刻【八】，皆不能如數矣。僕嘗爲天文圖，南北二極隱見之數只用二十四度。又計地之深厚，以日入爲夜，日出爲晝，四序晷刻其數符合，分毫不差。惟歷家通曉者，可以語此二十四度之説，古人亦嘗言之，而未詳也。

月蝕衝

歷家考中星，推五緯與太陰之躔度，皆目所能覩，可以的知其在某星幾度，惟太陽特可以數而推之所在，欲觀其五日，則小覺矣。故五日爲候，三候十五日，其變稍著，故三候爲一氣。自此更六氣，其變大著，故六氣爲一時，曰春，曰夏，曰秋，曰冬，四時具而成年。凡一朞七十二候，二十四氣，成四時。而一周天二十四氣，每氣十五日，共三百六十日。據一朞之數當三百六十五日四分日之一，所少者五日四分之一，故分一日爲三十二分，每氣管十五日七分，此七分前後相通。一日凡百刻，分爲三十二，每分管三刻八分刻之一也。

【八】其他四時之刻　「四」原作「時」，據四庫本改。

卷下

雜説

赤壁賦

東坡先生《赤壁賦》曰：「七月既望，月出東山之上，徘徊斗、牛之間。」按《月令》，「孟秋之月，日在翼，昏建星中」，建星蓋在斗、牛間，中星在斗、牛，則月當在室、壁間，去斗、牛甚遠。秦、漢至今，雖有歲差，昏旦中星不得而同，以大要言之，亦只合在危、室間，無緣在斗、牛。又指黄州赤壁爲周瑜敗曹公之處，皆不然。赤壁蓋在今鄂州蒲圻縣界。周瑜嘗語孫權：「請兵三萬人，進駐夏口，保爲將軍破之。」夏口即鄂州也。愚嘗謂，宗師大儒以傳先聖之道，立言爲書，以詔後學爲己任，至於天文地理，所謂末學，初不深究也。如《孟子》稱：「决汝、漢，排淮、泗，而注之江。」泗水蓋自兖歷鄆徑徐，至下邳而入淮。汝水亦自汝至蔡州汝陽縣西北而入淮。二水俱入淮，而淮水東注於海，未嘗至江。孟子鄒人，去淮、泗不遠，所言尚有差誤，則知大賢宗師不當責以此也。

韓信自當項羽

伊川先生《語録》云：「惜乎【一】，項羽、韓信、司馬仲達、諸葛孔明不曾合戰，得於中原戰得幾場，方有可觀。」此言蓋有爲言之也。四人在當時，親見之者且不能決其勝負，後之人按紙上語，出於臆度，遽謂孰勝孰負，一彼一此，甚無謂也。伊川之言，蓋厭後世紛紛之論也。按班固、陳壽二史所載，司馬、諸葛、韓信、項羽委是不曾合戰，而史遷記中垓下之役云：「淮陰侯以三十萬自當之，羽敗。」遷史謂之實録，此一項最是大事，必不虚書，班書不載亦別有説。伊川謂不曾合戰，偶有不照耳。

荀卿史遷作文之體

詩家用古人意造語，謂之脱胎，著書作文亦有之。如《書》云：「甲子昧爽，至於商郊，前徒倒戈，攻於後以北。」《荀子》則云：「朝食於戚，暮宿於百泉，壓旦於牧之野，鼓之而紂卒易鄉。」言「壓旦於牧之野」，即「昧爽至於商郊」也，言「鼓之而紂卒易鄉」，即「前徒倒戈」也，是脱胎法也。荀卿此一篇，自周公相武王以誅紂一段，其文極佳。又《堯典》云：「釐降二女於溈汭，嬪于虞。帝曰：『欽哉！』」司馬遷《史記》則云：「二女不敢貴驕，事舜親戚甚有婦道。」即《堯典》「嬪于虞」之意，蓋將「嬪于虞」三字衍爲十餘字，以敷暢厥旨，亦自好也。

學者自出己見

本朝熙寧中，太子右贊善大夫吴安度召試舍人院，考試賦入第三等，論入第四等，止

【一】惜乎　二字原脱，據四庫本補。

「綠竹青青」詩不依注解作王芻萹竹，遂定入第五等，因是改一官放罷。宰臣富弼言：「切詳安度命意，必謂王芻萹竹係柔姿脆質，不足以興詠武公之德，注説遷就，非詩人本意也。又按《史記・河渠書》云『淇園之竹』，則知淇澳之竹祇謂竹箭之竹也。又按陸德明釋文，青音菁，茂盛之貌。於理甚通，未爲不識題意。乞再取安度所試三題定詳。」下學士院看詳，並准合格，惟詩不合自出己見，亦非純謬，於是賜安度進士出身。愚嘗謂，注疏之學，執而不通之處固多有之，前輩讀書往往有所師承，必務遵守其説，明有所據依也。其自出己意如安度輩者，理致甚當，再加詳定，尚以不合自出己意爲過。自非宗工鉅儒爲世師表，有以發明經典之微旨奧義者，則不敢輕視傳注，而用其臆説，故學者有所傳授，而士風淳厚。時世日趨浮薄，學者觀書不探本源，傳注雖存而未嘗省覽，即用己見立説，反謂先儒所不能到，甚可嘆也！近有朝士，居常以大儒自負。一日，爲僕言《禮記》云【二】：「儒者點句之誤，《曲禮》云：『席東鄉西鄉，以南方爲上，南鄉北鄉，以西方爲上。』且如今之屋宅，面鄉北，得以西方爲上，鄉南，安得以西方爲上也？面鄉西，得以南方爲上，鄉東，安得以南方爲上也？元作四句點，今當作六句點。當以『席東鄉西』爲一句，『鄉』又爲一句，『以南方爲上』爲一句，『南鄉北』爲一句，『鄉』又爲一句，以『西方爲上』爲一句。」是以屋宅坐東鄉西、坐南鄉北爲言，鄙俚訛謬有如此者，既不詳正經之文，又不觀鄭氏之注，而用其臆説者也。殊不知經禮非以屋鄉背爲言，蓋以席相對爲言，

【二】爲僕言禮記云　「僕」原作「儒」，據下文及四庫本改。

「南嚮北嚮」，則席端當自西以次而下，兩席相對，是西方爲上也。「東嚮西嚮」，兩席相對，則席端當自南以次而下，是南方爲上也。蓋謂賓主在坐之人，布席相嚮而坐，東嚮西嚮，則南方爲席端，南嚮北嚮，則西方爲席端。經文先以「席」一字揭於其上，故鄭氏以布席、席端爲解，可謂允當矣。如朝士之説，良由讀書鹵莽而又果於自用故也。予當時聽其説，幾乎失笑。因悟熙寧有司貶黜吴安度未爲過，蓋防其末流之弊將至此也。

李照論樂以十龠爲合

二帝三王之世，莫不以律度量衡爲要務，故有虞氏巡狩省方，必以同律度量衡爲先，而夏禹之訓，亦以關石和鈞爲重。此有國之成規，生民之日用，詎可忽哉！本朝李照修大樂，耗費朝廷財用不貲，於度量之間甚有疏舛。黄鐘律容一千二百黍，是爲一龠合，龠即爲合。李照却云「十龠爲合」，其失也甚矣！蓋據書坊中本爲言也。

納音

《禮》云：「十二律旋相爲宫。」蓋十二律應在十二月，每月各自爲宫，各自有商、角、徵、羽，共五聲作樂，謂之一均。故十二月有十二等宫聲，十二等商聲，十二等角聲，十二等徵聲，十二等羽聲，其清濁高下各自不同。總十二月爲六十音，謂之納音者，納此六十音於六十甲子之中也。且如甲子、乙丑海中金，是十一月、十二月之商聲也，丙寅、丁卯爐中火，是正月、二月之徵聲也，戊辰、己巳大林木，是三月、四月之角聲也，庚午、辛未路傍土，是五月、六月之宫聲也，甲寅、乙卯大溪水，是正月、二月之羽聲也。以類推之，不必概舉，是爲納音。

感生帝

五行之帝居太微中，受命之君必感其精氣而生。東方木帝曰靈威仰，西方金帝曰白招拒，北方水帝曰叶光紀，南方火帝曰赤熛怒，中央土帝曰含樞紐。故以木德受命有天下者，則祭靈威仰，金德受命有天下者，則祭白招拒，水德則祭叶光紀，火德則祭赤熛怒，土德則祭含樞紐，謂之感生帝。故周人祀靈威仰，本朝則祀赤熛怒是也。

韓愈詩文

韓文公唐室大儒，學者至今以傳先聖之道推之，謂先聖之道自孟子之後，惟韓愈得其傳，荀、揚之徒不與也。愚觀愈之書，其文章純粹典雅，司馬遷、揚雄殆無以過，其行己亦中正，可爲後人模範，然其文亦有大不可人意處【三】。如《讀書城南》詩，今士人家家誦之，《盤谷序》舉世善之，然愚謂二文乃文公之失，如美玉之瑕玷，而人未之察焉。夫君子之讀書，以求仕進，本謂行義達道以遂其志，初非爲富貴榮名計也。如公孫衍、張儀操縱横之術，當世之君奉承之不暇，蘇秦綰六國印，儀從比之王者。而孟子視此輩比之妾婦，其自謂則曰：「後車千乘，侍妾數百人，我得志不爲然！」則平日之所爲養可知矣。今文公二篇之文，迺以「潭潭之府」、「粉黛列屋」爲大丈夫得志之事，何其陋也！愚每讀其文

【三】其文 「文」原作「人」，據下文及四庫本改。

至此二篇，則情緒作惡者移時不能釋。今人以此訓後生，不幾乎以文錦覆陷穽者哉？

韓柳

韓退之、柳子厚皆唐之文宗，儒者之論，則退之爲首，而子厚次之。二人平時各相推許。退之論子厚之文則曰【四】：「雄深雅健似司馬子長，崔、蔡之流不足多也。」子厚論退之之文則曰：「退之所敬者司馬遷、揚雄，遷之文與退之固相上下，如揚雄《太玄》、《法言》，退之不作，作之加瑰奇。」詳究其文，二公之論皆非溢美。但退之之文其間亦有小疵，至於子厚則惟所投之，無不如意。如退之《元和聖德》詩序，劉闢與其子臨刑就戮之狀，讀之使人毛骨凜然，風雅中安有此體？至子厚《平淮雅》，讀之如清風襲人，穆然可愛，與吉甫輩所作無異矣。

歐文

歐陽永叔之文純雅婉熟，使人讀之亹亹不倦，然比之韓、柳所作，深雄遒勁不及也。雖各自有體，然亦傷助語太多。如《醉翁亭記》，其文之美者也，亦有助語可去。如曰：「環滁皆山也，其西南諸峯，林壑尤美。」則「其」字可去。「漸聞水聲潺潺，而瀉出乎兩峯之間者，釀泉也。」則「而」字可去，「瀉」字亦自可去。「然而禽鳥知山林之樂，而不知人之樂。」「然而」二字可去。如此等閒字削去之，則文加勁健矣。大抵爲文，要須移動一字不得方好。

【四】退之論子厚之文　「文」原作「方」，據四庫本改。

釣臺記

聞之前輩云，范文正公作《嚴子陵釣臺記》，其文已就，召人能爲改一字者，當有厚贈。有一士人乞改一字。記云：「雲山蒼蒼，江水泱泱，先生之德，山高水長。」乞改「德」字作「風」字。公大喜，遂改「風」字，因厚贈之。改「德」字作「風」字，雖只一字，其意深長，文益大增勝矣。

坡詞

坡詞《卜算子》，山谷嘗謂：「非胸中有萬卷詩書，筆下無一點塵氣，安能道此語？」愚幼年嘗見先人與王子家同直閣論文，王子家言及蘇公少年時常夜讀書，鄰家豪右之女嘗竊聽之，一夕來奔，蘇公不納，而約以登第後聘以爲室。暨公及第，已別娶仕宦，歲久訪問其所適何人，以守前言不嫁而死。其詞「時有幽人獨往來，縹緲孤鴻影」之句，正謂斯人也。「揀盡寒枝不肯棲，楓落吴江冷」之句，謂此人不嫁而云亡也。其情意繾綣，如他人爲之，豈能脱去脂粉輕新如此？山谷之云不輕發也。而俗人乃以其詞中有「鴻影」二字，便認鴻雁，改後一句作「寂寞沙洲冷」，意謂沙洲鴻雁所棲宿之地也。愚每舉此一事而爲人言之，莫以爲然，此可與深於詞者語，豈流俗之所能識也哉！王子家諱俊明，官至中大夫直祕閣，與先人道此語時，在紹興三年寓居婺州蘭溪縣之西安寺。王公時已年七十餘，蘇子由之壻也，有文章，書字與東坡相似，先人嘗謂其字法傳於東坡。王公云：「東坡本學徐浩書，某亦學徐浩書，偶相似耳。」其言三蘇故事甚多，愚幼小不能記也。

論詩

作詩有古人偶相類者【五】。僕常於初夏間作詩，其中一聯云：「繅車籬落桑陰盡，土鼓鄉亭稻葉青。」吴江宰黄濟卿見之，以此荆公意也。荆公嘗有詩云：「繅成白雪桑重緑，割盡黄雲稻更青。」其措意造語皆略相似，然僕作詩時，初未知荆公有此一聯也，實偶相類耳。

唐贊

《唐文宗贊》稱其勤政，有曰：「唐制以隻日視朝，乃命輟朝放朝皆用雙日。」讀者或不明其義。蓋唐制視朝不用雙日，且如一月一日有指揮輟朝三日，則輟初一日、初三日、初五日，以雙日元不用也。初六日當放朝，又是雙日，至初七日方放朝也。然則輟朝五日，雙日不用，是輟六日。今皆用雙日，則初一、初二、初三、初四日即放朝。以此知勤政。

鵩賦注

解釋古人之文最是難事，失之毫釐，則謬以千里。如賈誼《鵩鳥賦》有曰「釋智遺形，超然自喪」，注云：「絶聖棄智。」絶之棄之，用力甚勞，豈能超然自喪也哉？

諸葛孔明

【五】古人偶相類者　「類」原作「對」，據下文及四庫本改。

諸葛孔明出師，司馬懿率兵禦之。懿曰：「亮誠勇者，若依山而東，且當避之。西上五丈原，諸軍無事矣。」孔明果西上五丈原。司馬仲達謂其參佐曰：「亮志大而不見機，多謀而少決，提卒十萬，已墮吾策中，破之必矣。」當時之人與後之讀史者，皆謂孔明已爲仲達所料。殊不知孔明之出原，欲先取隴右，然後取關中，故魏延請以三萬人爲奇兵會關中，而亮不許也。其一定之畫如此，故必須向五丈原。司馬仲達皆曉識兵機者，其智謀足以先料知其必由五丈原也。故爲是說，以詭衆而作其士氣耳，是仲達之黠數也。若果可以制勝，何至堅壁而不進哉？夫行兵之道，作將士之氣爲先，不可未戰而使其先氣挫。故宋武帝征慕容超，兵踰大峴而幡竿折，軍皆失色。武帝喜曰：「昔征盧循，幡竿折而破，今幡竿亦折。師已過險，士有必死之志，餘糧棲畝，人無匱乏之憂，破之必矣！」皆所以作士卒之氣也。李晟之平朱泚，時彗星見，諸軍皆喜，請速進兵。晟以爲：「星象之變不可測，忽有退舍，則吾軍不戰而其氣先怠矣。」故善用兵者，必以作士氣爲先。不可不知也。

堅壁

廉頗堅壁不戰以拒白起，司馬懿堅壁不戰以拒孔明，皆深曉兵勢者。蘇先生所謂「與智將戰則持之」者，是也。

以少敗衆

用兵固有以少敗衆者，如周瑜以三萬人敗曹公於赤壁，謝玄以八千人破苻堅於淝水是也，然不可以爲常。兵法：「十則能圍之，倍則能戰之。」故王翦攻楚，必用六十萬人；垓下之役，淮陰侯以三十萬當項羽，皆以全力制之者也。仁宗朝西邊用兵，劉平、任福、葛懷敏等皆破軍殺將，然五路之地不至陷失者，以鄜延、環慶、涇原、鳳翔路皆屯重兵，其當敵之要衝者不下數萬人，足以控制之故也。紹興初，北敵之勢方熾，僞齊父子戮力作難，歲爲邊患。然而兩淮、荆襄、四川皆足以防禦，僞齊終以無功被廢者，以韓世忠屯淮陰，劉光世屯合肥，岳飛屯夏口，吴玠屯河池，各不下一二十萬人，足控扼之也。王彦之守興勢，紹興二年敵將入寇，時劉子羽在興元，吴玠、楊政在河池，先戒彦之不可輕敵。彦以殄滅草寇得雋居多，而欲自用。暨兀术率劉益等犯金州，彦以五千人背城而戰，果至失利，退走達州。吴玠、楊政、劉翬等共守饒風嶺，以遏其鋒。敵攻饒風，踰月不能上。嶺之旁有松門關者，峻險不可陟，吴玠等慮其冒險以出吾不意，乃使郭仲以五千人守之，以防不測。敵兵遶出饒風之後，吴玠等大驚，敵兵遶出松門，攀木沿崖而上，郭仲不能支，遂失松門。時張魏公置司在閬州，議欲徙司成都，四川大震。自非魏公急引兵退，柵定軍山以待之。威信之明，玠等重兵可以制敵，幾失四川。辛巳，敵人悉起兵，傾國以臨淮甸。劉錡狃順昌八千人之勝，不復以重兵壓境，而乃分布其兵於諸郡。王權守鍾離，當敵堂堂之衝，所領止三萬人。敵軍初集，思慮精專，而兵力數十倍，長驅而南下若震霆。王權安得不焚燒積聚而爲宵遁之計哉！　辛巳兩淮失守，劉錡之罪也。

記時事

紹興六年間，既誅滅楊幺，平定李成等，四方無虞，民庶安妥，高宗圖爲收復中原計，張魏公力贊之。　其時吴玠鎮蜀漢【六】，岳飛鎮鄂渚，韓世忠、劉光世分守兩淮。　岳飛陰結宛洛間豪傑，及招誘太行雄强，有請軍號而往者，飛慨然有掃清河朔之志。　而韓世宗亦悉師攻下邳，以圖山東。　國威甚震，敵人稍懼。　又僞齊劉麟等連年入寇，喪失軍實甚多，知進取之無益，由是有請和之議。　秦檜在敵庭時已熟知敵人之情，既自敵中脱歸，居中參預朝政，於是力主講和之議。　自後南北安靖【七】，北邊無犬吠之警者垂三十載。　人皆歸功於檜，而不知檜之所賴以濟和議之成者，迺高宗神武，而諸帥攘袂狗國之功居多也。　和議之前，朝廷有親征之舉，詔書宣布。　僕先人嘗有歡喜口號三首，謹録之於左。　其詞曰：「諸將宣威正此時，一人神武萬軍知。　無煩司馬誅莊賈，共笑隨侯侈少師。」又曰：「要將孝友求張仲，莫把魁梧望子房。　神略廟籌歸變化，帝圖王業自成强。」此篇主爲魏公也。　又曰：「吴岳川襄百萬兵，韓劉淮甸兩長城。　頗聞時雨蘇諸路，更看壺漿走四京。」於時國勢方張，諸將往往不樂和議，岳飛力爭之，父子被誅，而其議乃始堅定。

石米

建炎間年饑，嚴之壽昌縣乏食尤甚。　縣官日食湯餅，細民嗷嗷無告。　有掘地者，得土

【六】吴玠鎮蜀漢　原脱「漢」字，據四庫本補。

【七】自後南北安靖　「後」原作「使」，據四庫本改。

極細而白，其人取而食之，亦能止饑。縣人遂相率爭取食之，謂之「石米」。用湯調和如米粉製造，市井賣餻餅人亦製造以賣。愚幼時曾取以食，味甘酸稍帶土氣，食之臟腑亦無恙。小民貪得無厭，其取過多，土輒坍，有覆壓而死者。至其秋小稔，則其土遂麄惡不可復食矣。此事極奇，又愚所親見，因録記之。

唐太宗

唐太宗誅建成、元吉而有天下，與齊桓公殺公子糾而得國，事足相方。齊桓以匡合之功，見稱於仲尼，以其有德於斯民者大，不得以過而掩其功也。太宗雖有誅建成、元吉之過，其親定禍亂，而治底昇平，有德於斯民者，又非齊桓之比。使其出於孔子之世，則誅殺兄弟之過亦可略云。然於誅建成、元吉之際，使尉遲敬德入侍高祖，高祖驚惶失措，既迺不得已而遜以位。使在《春秋》之前，當如何書也？又太宗於唐有人臣不能爲之功，固天命之所歸。究其兄弟之爭，始由如晦與建成家人爭道有隙，稔成其禍，至於同氣被誅、高祖見偪，其事皆出於如晦，故史臣稱如晦善斷。竊金者爲盜，竊國者爲諸侯，斯言信哉！

二帝三王之樂

有虞氏之樂以簫爲主，《書》云「簫韶九成，鳳凰來儀」，是以簫爲主也。商人之樂以磬爲主，《詩》「既和且平，依我磬聲」，是以磬爲主也。周人則以鐘爲主，《周禮·鐘師》

「以鐘鼓奏九夏」，是以鐘爲主也。夫八音之中，匏、土、革、木特爲和應，其爲樂之綱領者，金、石、絲、竹四者是也。四者之中，一曰鐘，而磬次之，簫又次之，琴瑟又次之。按伶州鳩云：「古者神瞽考中聲而量之，以制度律均鐘。」司馬遷史獨存生鐘之法，則知鐘者八音之首也，故周人以鐘爲主。按十二月鐘聲皆有特懸，諸器皆用鐘磬爲均。又石聲難調，石聲和則鐘聲皆和。《虞書》云：「戛擊鳴球，搏拊琴瑟以詠，祖考來格。」則磬於八音當次於鐘，而與鐘同爲衆音之首也，故商人以磬爲主。又聲本於律，律本斷竹以爲之，後或以銅或以玉爲之，故簫之爲器亦可以調度，故有虞氏以簫爲主也。舊説謂韶樂稱簫，見細樂之備。非也。

五行避忌

避忌自古而然。周家祀天神、地祇、人鬼，皆不用商聲，以金尅木，周木德，忌之也。如洛陽，或從水，或從隹，漢都洛，漢爲火德，忌水，故去水從隹。魏承漢祚，亦都洛，魏爲土德，水，土之母，水得土而流，土得水而柔，故除隹加水。説見《魏略》。

氏號占兩地

堯始封於陶，又封於唐，故曰陶唐氏。季札始封延陵，又封於州來，故曰延來季子。

秦楚皆三遷國都

周孝王封非子爲附庸，邑之秦。按秦水出隴山秦谷，歷秦川，川有故秦亭，秦仲所封，今秦州之地也。至德公始都雍，至獻公徙居櫟陽，孝公立，方治咸陽。自秦亭又凡三徙國都。楚熊繹始封丹陽，其地在今荆南之枝江縣。至楚文王，自丹陽徙都江陵，平王城之，是爲郢都。襄王二十一年，秦拔鄢郢，徙都於陳，考烈王二十二年又徙壽春，歷三世二十年，而爲秦所并。自丹陽又徙三國都。

范增

漢高祖嘗曰：「項羽有范增而不能用，所以爲我擒。」高祖之云，亦怵於鴻門、滎陽、成臯之阨，免於見死而云爾。僕觀范增之爲羽計者，主於賊殺漢主一事而已，至於深謀遠慮，圖回天下之成算婉畫，增蓋未知之也。劉先主、關雲長皆常居曹公掌握中，而公無害之之志者，恃吾有以制之也。予於此，有以知曹公有取天下之量，與增之所見異矣。且夫英雄崛起，將以成當世之大業，其道有三，而戕害其敵不與焉。一曰順民心之所向以爲己資，二曰據形勢之地以爲根本，三曰求當世之奇才以爲任使。舍是三者，雖僥倖而得，亦不旋踵而失之。范增之相項羽，於三者之中不能有其一焉，切切然務在乎賊殺漢主而已，使如增之謀可以殺漢主，而亦終不能有天下也。當秦之敝六國也，楚懷王之見執，其人讎秦之志痛入骨髓，故其語有曰：「楚雖三户，亡秦必楚。」其人心所向可知矣。劉、項之起，推懷王孫心爲主，故豪傑風靡而爭趨之。使范增有謀，當教項羽翼扶義帝以令天下，大業未就而先放殺之，增無一言以諫羽，增之罪一也。關中形勢之地，以周公營洛之舉如是之切，猶重於遷，不肯輕駕而東者，以其形勢足恃也。羽之入關，能據之以爲根本，示天下形勢之制，則英雄知所向矣。迺懷思東歸，焚燒屠戮以肆其暴，特一巨寇之所爲耳，豈能有帝王之度者，而增無一言以及之，增之罪二也。韓信、陳平，當世之奇才，皆嘗處羽麾下，增不能一言以薦之以爲羽用，卒歸於漢。平爲漢之謀臣，而信分漢兵，獵取羣雄如狐豚，然終以三十萬斃楚垓下【八】，以濟大業，增之罪三也。增有三罪，皆足以亡國。予故曰：高祖之云，怵於鴻門、滎陽、成皋之阨，免於見殺而云爾也。若增者，豈天下之真才也哉！

劉先主

曹公將征烏桓，荀彧以劉備在荆州，必教劉表襲許，挾天子以令天下，曹公不從，決意北伐。劉備果欲乘許下之虚，言於劉表，表不能從。暨曹公北還，兵勢大張，出師以臨江漢。劉表甚恐，謂備曰：「不用公言以至於此。」備曰：「當今天下紛紜，機會之來豈有終極，若能應之於後，此亦未足爲恨也。」夫常人之情，少有所得則盈滿，少有所失則沮喪。英雄之處事則不然，失之東隅，則欲收之桑榆，豈以一失而挫其志哉！故高祖百戰百敗，而氣不少衰。劉備始得豫州而曹操奪之，中得徐州而吕布奪之，其氣未嘗少衰也，終能取荆收益，以成鼎峙之業。非天下之英雄，其孰能與於此哉！劉先主之英概，僕於對劉景升之言見之矣。

【八】斃楚垓下　原脱「楚」字，據四庫本補。

天雨

天將雨，必先蒸濕，雲氣騰結，而後降雨。又龍見，而雨必旋至。以雨主於龍乎，則何待於蒸鬱而後作雨也？又有薄雲而能作雨者。且龍所取江河之水，曾幾何而爲泛溢懷襄之患者，何哉？二者之説，蓋無定論也。俗諺有云：「人能變火，龍能變水。」此雖俗説，細詳之，亦甚有理。夫天下之理，不能以無爲有，有其本矣，亦必有所待而後發見。夫木之爲性，火實存焉，然火無以自見。人以一灼之火而變之，則木俱火也，以至焚邱陵、燎原野，無所不可者，假人之力而致之也。雲之爲氣，水實存焉，然水亦無以自見，可以爲霢霂，而不可致霶霈。龍以一勺之水而變之，則雲俱水也，以至於漲江河、盈澗谷，亦無所不可者，假龍之力以致之也。火木、雲龍，二者相待而成者也。俗諺雖有此説，然不能推其理之所在，因爲之説。

唐太宗

唐太宗將以晉王爲嗣，恐大臣不順，對長孫無忌等取佩刀以自向，而晉王之立遂定，是爲高宗。其後武后專政，唐室幾於不祀。帝王之爲萬世慮，當擇賢嗣以爲宗廟社稷之主，無賢嗣，則當法堯、舜爲天下計，舉賢者而付畀之，何至任情狥私，而屬於其所甚愛者乎？如唐太宗引佩刀自向之舉，迺房第間婦人女子之所爲也，不謂創業英武之君而爲之。何哉？漢高祖欲立戚姬之子如意，一見商山四老從惠帝遊，則翻然而改，呼戚姬而語之曰：「吕后真汝主也。」武帝既立昭帝爲嗣，慮其有母少子弱之患，即日引鈎弋夫人殺之。雖太傷於忍，其爲後世慮亦深矣。漢高帝、武帝，可謂矚理之明，而決然能斷者，不謂之英主可乎？與唐太宗不可同年而語矣。

憸佞

本朝太宗時，西夏圍靈武甚急。朝廷遣師援之，費耗頗多，上意欲棄之，而大臣意謂失靈州則邊患不已，上意亦悟，令兩府侍從集議。時吕端、向敏中爲相，張洎在政府【九】，洎逆知上有棄之之意，而不知其中變也，當集議所面責二相，謂其不能推誠狥國。吕端曰：「張洎豈能有切直之言，不過揣摹人意耳。」既而張洎上疏，援賈捐之棄珠崖之説以進。上曰：「卿所奏朕不曉一字，還以付之。」洎慙而退，上曰：「張洎果爲吕端所料也。」大臣阿意順旨爲利禄計者，自古有之，近世士大夫，又有依附權勢全無顧忌者。紹興中，秦檜弄權，士大夫爭以取媚於檜爲能。甲戌廷試，檜之孫塤在焉。科舉條制，已有官人不作狀元。時有學官入劄子，謂朝廷取士當協公議，不宜以有官無官爲限。蓋欲爲秦塤地，以媚檜也。檜以其説形迹太露，不答。又檜生朝，有一名士作《九韶》以獻，其序云：「《九章》、《九辨》，亂世之音，《九韶》之作，以治世之音變亂世之音也。」其中篇有秦趙之語，推原秦嬴與造父同宗，且指檜爲聖師、聖相，又以無疆祝其壽。如此等語言，姦邪不軌甚矣，檜受而不報，不能暴白其事，明正典刑，意安在哉？其人有文章嘗中甲科，與

【九】張洎在政府　「洎」原作「泊」，據四庫本改，下同。

僕同歲，以名聞於時。此文成，其族人嘗出以見示，僕觀畢即擲之，至今談及其姓名，視之如蛇虺。然使其當兩漢之間，撰造符命以爲亂階者，斯人其首也。富貴利達，其誰不願，然亦必以其道，非道而得之，亦何榮之與有哉？於時士大夫若此類者甚衆，姑識其尤者云。

籌邊

方域之中，天之所以區分内外隔限南北者，其處有三，其中曰大河，其南曰大江，其北曰大漠。三者二在中國，一在邊外【一〇】。大漠雖無深險重阻，而其地曠遠，徑數百里無穀粟水草，故匈奴畏漢者常居漠北，蓋天以爲夷夏之限也。五帝、三王之世，北邊不過幽都、朔方、涿、易之境，古先聖王不矜遠略，其於外國【一一】，蓋振文德以綏之，蓄威武以備之，如斯而已。下逮戰國，燕、趙之地與狄爲鄰，各務斥大其封域，燕有玄菟、樂浪，趙以陰山、高闕爲塞。秦并天下，逐匈奴戎人，割榆中北假之地，西北陲比前代益邈遠【一二】。漢中葉，大將軍驃騎之師疾戰窮追，氊裘遠遁，王庭邱墟，蓋自漠以南實爲内地也。魏、晉而降迄於隋、唐，大較幽燕之壤未嘗不在中國。自石晉起并門，籍契丹之衆以濟大業，於是割幽、薊、瀛、莫、涿、檀、順、新、嬀、儒、武、雲、應、寰、朔、蔚十六州以畀之，由是函夏北邊近偪雄霸。歷代設險襟喉扃鑰之固翦棄，弗有大河之阻，雖有中國，而北邊之地率多平陸，無高陵深谷之限，戎馬奔突始難控制。太宗皇帝籌安邊之計，端拱中嘗下詔，其略

【一〇】一在邊外　「邊外」四庫本作「戎狄」。

【一一】其於外國　「外國」四庫本作「戎狄」。

【一二】西北陲比前代益邈遠　「西」原作「面」，據四庫本改。

曰：「悠久之計，在於設險，若決大河、築長城，又徒自示弱，爲後世笑。朕今立法，令沿邊作方田，可以限戎馬，而利我之步兵，雖彼衆百萬，無所施其勇。」方田，蓋類古井田，溝洫縱横若棊局然，所以隔限戎馬，抑彼長技。太宗皇帝神算妙略，急於用此，真可以垂永制以詔後人也。仁宗皇帝時，又植榆柳爲塞，以防敵騎之奔突，亦設險之一端也。其後林木既成，北人患之，乃使間説雄州張昭遠曰：「楊可以爲長梯砲梢。」昭遠遂斬以爲用。慶歷間，上封事者或以爲言，於是下詔始禁採伐。二者之爲邊塞之利，其可以不知也哉！粤自中原失守，復失大河之險，所恃者長江耳。自江以北，淮甸之區，其地亦多平衍，乏巖塹之阻，亦猶曩時雄、霸之北邊也。近嘗見有司作堰，儲石梁之水，自天長以北頗爲沮洳，雖稍害民田，亦得設險之意。後聞已決之矣，豈張昭遠長梯砲梢之間行乎？誠使今日於真、揚以北，視其空曠之地，舉行二宗之良法，講求石梁瓦梁之水利，以限制北鄰，扼其長驅之勢。先爲不可勝，以待敵之可勝，其庶幾乎！

酈食其説高祖

漢王數困滎陽、成皋，欲捐成皋以東，屯鞏、洛以拒楚。酈生説漢王曰：「楚人拔滎陽，不堅守敖倉，迺引而東，令適卒分守成皋，此乃天所以資漢也。願足下急復進兵收取滎陽，據敖倉之粟，塞成皋之險，杜太行之道，距飛狐之口，守白馬之津，以示諸侯形勢之勝，則天下知所歸矣。」漢王從之，復守敖倉。嘗觀漢高祖之取天下，先用蕭何、韓信之計，自南鄭還定三秦，據關中形勝之地以基王業。及楚、漢相拒，則堅守力爭滎陽、成皋之地，以遏其衝，而挫其鋭。譬如鬭者扼其吭而搏其膺，蔑有不濟者矣。僕觀廣野君之説，是誠曉達地理，知山川之險要，其言關乎當世之大計者。夫用兵要以知地理爲先，用兵而不知地理，其猶木偶人是也。諸葛孔明爲蜀先主畫取荆收益之計，其言天下之地理若指諸掌。必得如是之人，而後可與天下之機務。今人千里之外則瞢然無所知，何足與論四方之事哉！按敖倉在今滎陽縣，《書》云「仲丁遷於囂」，《詩》云「搏獸於敖」之地也。《寰宇志》云：「敖山在滎澤縣西五十里。」《春秋》宣公十二年，「晉師在敖、鄗之間」，敖、鄗，二山名也。秦於此置倉，是爲敖倉，亦曰敖庾。《東觀記》云：「濱水縣彭城、廣陽、廬江、九江，穀九千萬斛送敖倉【一三】，今屬鄭州。」成皋乃春秋時鄭之制邑，古東虢之地，故莊公曰：「制，巖邑也，虢叔死焉。」又名虎牢。《穆天子傳》云：「天子射鳥獸於鄭圃，有虎在于葭中，七萃之士高奔戎生捕虎而獻之，天子命畜之東虞，是曰虎牢。」虎牢之名自是而得。晉悼公城而戍之，以備楚，因以服鄭。《水經》云：「成皋有大坯山，其地巖險，秦以爲關，即《禹貢》大河之所經也。」蒯通言項羽阸西山而不得進者，即是山也。成皋之北門曰玉門，今在孟州汜水縣。太行山，《水經》云：「在河内野王縣。」上黨關，今懷州河内縣也。按太行山有八徑。第一軹關徑，在孟州濟源縣西。孔安國言桀之敗於鳴條，自安邑東入山，出太行山東南，涉河陽，遂奔南巢。即由此徑也。又蔡邕曰「太行之上有天

【一三】送敖倉　「送」原作「今」，據四庫本改。

井之高關」，是也。太行，河北之大山鎮也，其山自孟州綿亘至幽州界。飛狐口，據《漢書・紀》注云，在今澤州青城縣飛狐之口。如淳曰：「是上黨壺關。」顔師古曰：「壺關無飛狐口之名。」臣瓚曰：「在代郡西南。」晉建興中，劉琨自代出飛狐口，奔於安次。安次，幽州縣也。國朝雍熙中北伐，田重進敗契丹於飛狐，又敗之於飛狐北，重進之師無一兵一矢之失，即其地也。按《寰宇志》云：「今蔚州飛狐縣飛狐道，自縣北入嬀州懷戎縣界，即古之飛狐口也。」《漢書・王霸傳》注亦云：「在蔚州飛狐縣北，通嬀州懷戎縣南，古之飛狐口也。」白馬津，《水經注》云：「河水舊於白馬縣南決，通濟濮黄溝【一四】。故蘇代説燕曰：『決白馬之口，魏無黄、濟陽。』」黄，黄溝也，今在開封考城縣西，津之東南有白馬城。衛文公渡河居之，所謂「野處曹邑」者也。漢二年，盧綰、劉賈渡白馬津入楚，與彭越擊破楚軍；又袁紹遣顔良攻東郡太守劉延於白馬；皆其地也。白馬有韋鄉、韋城，亦曰韋津，又曰鹿鳴津，今滑州之白馬是也。又《寰宇志》曰【一五】：「澶州臨河縣亦有白馬城。德清軍黎陽縣東黎陽津，一名白馬津。」《十六國春秋》，慕容德率户四萬三千，自鄴將徙滑臺，至黎陽津，燕魯王遣船迎德，會風飄船没，魏軍垂至，三軍危懼，欲保黎陽。昏而冰合，是夜濟，迄旦，而魏師至，冰亦消泮，若有神助。德大悦，改黎陽爲天橋津。高齊文襄征潁城，仍移石濟關於此，遂造橋，改名曰白馬橋，此則白馬津之北岸也。是數處皆關東、河北襟喉之地。詳究廣野君之説，當時説漢王之時，漢已得燕、趙，韓信將東擊齊，楚、漢

【一四】通濟濮黄溝　「黄」原作「淮」，據《水經注》卷五及四庫本改。

【一五】寰宇志　「志」原作「記」，據四庫本改。

相距於滎陽。其言「杜太行之道，距飛狐之口」者，蓋欲以固燕、趙之心也，「塞成皋之險，守白馬之津」者，蓋欲以斷齊、楚之路也。愚故謂其言實關當世之大計者。又觀酈生之説齊王，言「今漢已據敖倉之粟，塞成皋之險，守白馬之津，杜太行之阨，距飛狐之口。天下後服者先亡」，是時漢王已用酈生之言，分兵諸處矣。益知高祖之善用謀而識兵勢也。

◎崔敦禮撰

芻言

程郁 屠立晨 整理

點校説明

《芻言》，三卷，宋崔敦禮撰。崔敦禮（？—一一八一），字仲由，通州静海（今江蘇南通）人。高宗紹興三十年（一一六〇）與弟敦詩同登進士第。歷江寧尉、平江府教授、江東安撫司幹辦公事，仕至諸王官大小學教授。孝宗淳熙八年卒，有《崔宫教文集》。生平見《景定建康志》卷四十九。

《宋史・藝文志》于别集類著録本書爲五十篇，今佚。今存三卷本係清四庫館臣自《永樂大典》輯出，上卷言政，中卷言行，下卷言學。《提要》以爲「未爲粹然儒者之言，至其間指切事理，於人情物態，抉摘隱微，多中窾要……則亦未可盡廢者」。

本次校點，以《函海》（光緒）本爲底本，校以《四庫全書》本與《叢書集成》本。

自序

敦禮居山間，有書三卷，上卷言政，中卷言行，下卷言學，凡三百有五篇。言語簡樸，不知緣飾，其芻蕘之愚乎，乃命曰《芻言》。

卷上

三皇之治，使民心樸，故結繩之政可行也。五帝之治，使民心一，故垂裳之化可成也。三王之治，使民心親，故年世之長可期也。三皇者，粹乎道者也。五帝者，粹乎德者也。三王者，粹乎仁義者也。駁于霸，雜于漢，虚誕于晉，浮靡于隋，其使民可知矣。

得民之勞者昌，得民之憂者康，得民之死者强。不有逸之，孰爲勞之？不有樂之，孰爲憂之？不有生之，孰爲死之？山雲草莽，水雲魚鱗，旱暵之雲煙火，涔渚之雲水波，出于此者，形於彼也。至於政之應亦然。善政之俗魚鳶，暴政之俗湯火；寬政之俗舒長，急政之俗短促；貪政之俗焦熬，惠政之俗繁惑；案：惑字有訛，疑當作盛。公政之俗清明，偏政之俗闇曲；自然之象也。君子觀其俗，則其政可知矣。受光於隙照一隅，受光於牖照北壁，受光於庭户照滿室，受光於天下照四方無遺物。君子聽言，亦明之所入與？邇聽者，隙中之細者也。偏聽者，一牖之窺者也。正聽者，户庭之嚮者也。建善旌，立箴木【一】，百工諫，庶人謗議，天下之照也。所受小，則所照者狹；所受大，則所照者博。不得不擇矣。

天地不可課其生也，日月不可課其明也，雨露不可課其潤也，鬼神不可課其靈也，聖

【一】立箴木　原脱「木」字，據四庫本補。

人之道不可課其功也。如日書焉，月攷焉，聖人必不得於最矣。

野之甿有設祠以爲敬者，其像猛，椎牛擊豕，犬、鷄、魚、菽之薦日至焉。吏以竭甿力，而奉無名之土木，可廢也。殊不知鬼猛其形，享吾民之酒牲；吏猛其氣，食吾民之膏髓。酒牲可繼也，膏髓不可復也。逐吏之猛，吾謂急於逐鬼之猛焉！

醫之活人，方也；殺人，亦方也。人君治天下，法也；亂天下，亦法也。方能治病，不能盡天下之病，遇病而不通於方，殺人矣。法能制變，不能盡天下之變，遇變而不通於法，亂天下矣。是故上醫無傳方，非無良方也，憂用方者也。聖人無定法，非無善法也，憂用法者也。九人履，其一跣焉，則跣者恥；九人跣，其一履焉，則履者不能爲俗。赭衣墨服，舜之刑寬矣，而民愈避。斷支體，殘肌膚，秦之法嚴矣，而民愈犯。民非畏寬而易嚴也，法寬，則刑者少，刑者少，則民爲耻矣；法嚴，則犯者多，犯者多，則民爲玩矣。舜之民，十人而九履者也，秦之民，十人而九跣者也。

天下無常治，非無常治也，無常時也。孰爲時？曰在國，其次在士，其次在民。善善而惡惡，進賢而退不肖，賞一出而天下以爲勸，罰一出而天下以爲沮，時在國者矣。周道衰，諸侯之論屈於游談；漢治廢，公卿之望輕於布衣；時在士者矣。一夫倒戈，天下化商而爲周；阡陌首難，天下變秦而成漢，時在民者矣。在國，立治之本也；在士，扶危之道也；在民，國非其國矣。危國若實，安國若虛，盛世若不足，衰世若有餘。危國若實，府庫溢也；　安國若虛，損在上也。　盛世若不足，民儉而重本也；　衰世若有餘，俗媮而縱欲也。

節人食者食愈美，戒人飲者飲愈旨。　禁民之俗者，錮其欲者也，約民之樂者，重其樂者也。　君子不禁其欲，而禁其所以欲，不約其樂，而約其所以樂。　上好利則下多盜矣，上好勇則下多殺矣，上好矜則下多鬭矣，上好辯則下多誕矣，上好智術，則下多詐矣。　本在上，不在下，倡在君，不在民。　老子曰：「我無欲而民自朴，我好靜而民自正。」觀民之貧富，善惡有證矣。　府庫溢則民貧，爵予輕則民貧，文物盛則民貧，技巧衆則民貧，禮法不立則民貧。　無教則民惡，無信則民惡，政暴則民惡，吏姦則民惡，征歛困則民惡。　君民之間，至密也，不誠則疎；　至易也，不誠則迂。　行者思于途，居者夢於牀，慈母吟於巷，適子懷於荆。　誠心守仁，則民親於彼；　誠心存義【二】，則民尊於彼。　謂民爲疎者，私心間之也；　謂民爲迂者，欺心蔽之也。　尊卑殊，貴賤異，民至卑賤而不敢爭者也；　尊逸而卑勞，貴榮而賤辱，民至勞辱而不敢怒者也。　不敢爭則欲之至矣，不敢怒則怨之至矣。　怨欲在心，如物之有毒，如蓬之藏火，亂之所蓄與！　是故聖人之治，不曰不爭，不使敢欲；　不曰不怒，不使可怨。　禄不以功，爵不以德，啓民之欲者也；　法禁煩，傜賦重，賈民之怨者也。

禾熟則穫，果熟則剥。　禾未熟而登場，穡者播之矣；　果未熟而登盤，食者吐之矣。

【二】誠心存義　「心」原作「於」，據四庫本改。

是故治之固者，政之熟者也；　俗之醇者，化之熟者也；　功之成者，慮之熟者也；　名之歸者，德之熟者也。　政未熟於凝一，急求治者，必亂也。　化未熟於陶染，急變俗者，必駭也。　慮未熟於事幾，急圖功者，必沮也。　德未熟於安行，急知名者，必辱也。　自私者民公之，自公者民私之。　公之者疎，私之者親，疎之者亡，親之者昌。　財聚於辛，國并於秦，私其己者也。　湯之禱，禹之胼胝，公其心者也。

周之時其節民有制乎？　不蓄者祭無牲，不耕者祭無盛，不植者無椁，不蠶者不帛，不績者不衰，故無其業而爲其禮則僭。　後世反此，不耕者美食，耕者不得甘其喉；　不蠶者鮮衣，蠶者不得縫其膚；　田廬不知薦陳之品、衾椁之具，而墮游末作，喪祭侈於公侯。　吁，何憚而不爲末哉！　不放古以制之，生人之衣食，或幾乎絶矣。

禮于郊也，有司以告曰：「旱于某，澇于某，蝗于某，厲于某，則出其方之神，不以祭。」斯唐虞黜陟之意也。　四方之吏，有殘暴貪刻，使其民焦熬湯火，旱之烈者也；　流亡破蕩，澇之大者也；　椎剥肌髓，蝗之毒者也；　户口凋耗，厲之酷者也。　宜放禮之法曰：「旱于某，澇于某，蝗于某，厲于某，則黜其方之吏，不以赦。」斯得矣。

善治天下，有爭治，無爭亂。　爭治，速治也；　爭亂，速亂也。　朝者爭名，市者爭利，貴者爭權，賤者爭力，亂矣。　名爭求晦，利爭受薄，位爭處卑，事爭就勞，治矣。　人日爭於亂之中，而不知其亂也，聖人必抑之。　人日爭於治之中，而不知其治也，聖人必激之。　爵予公，名分辨之，謂抑；　晦斯光，薄斯豐，卑斯尊，勞斯安之，謂激。

信在言前者，同言而民信之；　誠在令外者，同令而民從之。　賞而不誠不勸也，刑而不誠不戒也，政而不誠不正也，教而不誠不化也【三】。

古之愛民也，爲爲我；　後之愛民者，爲爲民。　古之爲民也，爲己憂；　後之爲民者，爲己德。　沮邪曰忠，毁忠曰讒，忠則逆耳，讒則遜志，其始判然也。　逆耳者疑訐，斯去之矣；　遜志者疑善，斯進之矣。　進之，去之，而禍未見，讒日進焉，則以習于前而不疑也。讒習于進愈不靳，忠習於去愈不懼，久之，遜志者當進，逆耳者當去云耳。　吴之嚭，秦之高，楚之尚無極，習而不知也。

樂之用神矣乎。　無故而使人喜，雖千金容不改；　無故而使人怒，雖白刃色不變。　動以金石，文以絲竹，無繫於休戚也。　約之則民憂，易之則民樂，厲之則民剛，勁之則民肅。吁，其神乎！　先王有政以正民，刑以齊民，禮以節民，可也，無樂以行焉。　其或病在骨髓，雖有針灸湯藥，將安用之？　上好土木，則山谷井陌矣；　上好金珠，則川澤鼎鑊矣；　上好珍禽，則原野狴犴矣；　上好文繡，則機杼桎梏矣。　上取其絲，下致其綸；　上取其綸，下致其綍。　是故古之君有好猨而林殘，求珠而魚殫，亦趨好之故與。

天因春而生，非作好也；　因秋而殺，非作惡也。　其生之也無感，其殺之也無憾。　明主之治，善者有賞，而國無私焉，天之慶賞也；　惡者有誅，而君無與焉，天之誅戮也。　賞

【三】教而不誠不化也　原脱此七字，據四庫本補。

者不暱德，誅者不挾怨，天之妙萬物也。夫是之謂天政。

媒妁譽人，非不美也，而人莫之德；取庸而强之飯，非不勤也，而人莫之惠。有所利而名仁者，非仁也；有所要而稱義者，非義也。慈父之愛子，不可移於性，非爲報者也；聖王之養民，不可改於心，非求用者也。是故至仁不爲恩，至義不爲功。至仁所施，不知親而親之；至義所加，不知尊而尊之。

非弓矢無以射，非法令無以國。人有憂射之不中者，曰是弓矢之過也，調弓矯矢，而去愈遠矣。憂國之不治者，曰是法令之失也，變法更令，而亂愈甚矣。是故弓矢中之具也，弓矢非所以中也；法令治之具也，法令非所以治也。

思民治不可以不裕民，思裕民不可以不節民，思節民不可以不辨民，思辨民不可以不定民。農定於耕則餘粟，商定於貨則餘財，百工定於藝則餘巧，士大夫定於職則餘力。有以變常而亂者矣，未有守常而不治者也；有以亂分而危者矣，未有分定而不寧者也。善爲國者，榮其榮，辱其辱；不善爲國者，榮其辱，辱其榮。五章之服，君子者寵焉，榮其榮也；赭黑之衣，小人者耻焉，辱其辱也。漢誅濫於名節，貫械腰斧質，請罪者相屬，榮其辱矣。唐爵輕於胥皂，青朱金紫，雜沓而無别，辱其榮者矣。

木之華者，養其落者也；齒之盛者，養其衰者也。國之治者，養其亂者也。培根而去蠹，木之壽矣；清心而寡欲，人之壽矣；循道而救弊，國之壽矣。

爲其所好，輟其所惡，行其所樂，戒其所懼，有心所同然也。堯、舜者樂於仁者也，桀、紂者樂於暴者也。堯、舜惡於仁，不爲仁矣，桀、紂惡於暴，不爲暴矣。是故治國者樂其所以存，亂國者樂其所以亡。

避堯而洗耳，非舜而投淵，士之亢節也，聖人不以責人行。推處妖祥，達視千里，人之極智也，聖人不以責人術。山淵平，天地並，世之强辯也，聖人不以責人言。連機運開，陰閉幻錯，工之奇巧也，聖人不以責人藝。亢節者不可爲民化也，極智者不可爲民修也，强辯者不可爲民聽也，奇巧者不可爲民業也。跂之而易及也，慮之而易知也，言之而易行也，爲之而易能也，夫是之謂善俗。

能者有以位爲事，勇者有以位爲暴，仁者有以位爲患。位爲事，則下無寧矣；位爲暴，則下無全矣；位爲患，則下忘分矣。是故用人之能貴乎靜，用人之勇貴乎緩，用人之仁貴乎尊。倕作弓，夷牟作矢，案：夷牟，徐堅《初學記》引《世本》作牟夷，然《呂覽》及許慎《說文》亦作夷牟，今仍從原本書之。而后羿名於射。奚仲作車，相士作乘馬，而造父名於御。爲之者不能用，用之者不必爲也。智者有謀，用之者明。材者有長，用之者能。自智者無明也，自材者無能也。是故藝之至，器用出於人；君之至，材智出於人。

輜軿青紫，所以飾喜也；斧質刀鋸，所以飾怒也。謂賞必喜乎？欲殺之怨有不斬於封侯，賞非其喜矣。謂罰必怒乎？涕泣之哀有不貸於誅殛，罰非其怒矣。賞不以喜，賞之當乎喜；　罰不以怒，罰之當乎怒。是故聖人在上，以賞罰立喜怒，不敢以喜怒立賞罰。

汙樽抔飲，人苟利之，雖有盛禮，聖人不陳也。蕢桴土鼓，人苟樂之，雖有備樂，聖人不作也。櫓巢營窟，人苟安之，雖有棟宇，聖人不爲也。好至治者，招大亂者也；　務窮利者，致大害者也。無亂而已，聖人不要其極也；　無害而已，聖人不僥其功也。

民之禁十有二，商之禁十有二，賈之禁十有二，工之禁十有二，古也，所以抑浮靡，通貨殖，便用物，厚衣食也。後之禁民者有矣，山澤江海有禁也，鹽鐵酒茗有禁也，布帛絲枲有禁也，關市河梁有禁也。古之禁，禁其害民者矣；　後之禁，禁其養民者矣。古之民也足，後之民也困，宜哉！

名實之所在，人主不得而忽矣。德浮於名者，國之寶也；　譽稱其實者，國之器也；　名多而有餘，事舉而無當者，國之妖也。有國者寶其寶，器其器，鋤其妖，而天下治矣。

客有一昔於驛，一昔，一夜也。《列子》昔昔，註訓爲夜夜。驛吏伏謁聽役，若久所事者。客疑而詰之，吏曰：「今之仕者皆驛也，吏何擇焉？　且百里之地者，縣令之驛也；　千里之境者，郡守之驛也；　連城一道者，部刺史之驛也【四】。席未煖而移，突未黔而歸，有能不及用，有智不及施，仕者何爲哉？　驛者何爲哉？」

禬爲鼠迎貓，爲豕迎虎。迎貓可也，迎虎可乎？　豕來食禾，虎來食人矣。農者哂

【四】部刺史　「史」原作「吏」，據四庫本及叢書集成本改。

曰：「食人可逃也，食禾不可活也。」然則食禾者猛於虎乎？鉏耰未乾，喉不得甘；新絲出盎，膚不得縫。未嘗稼穡者，穀滿倉也，未嘗桑蠶者，絲滿囊也。噫，食其禾者不少矣！

卷中

尊義者尊君，親仁者親親。夫人致身於其君，而忠衰於諫諍，尊而不知義者也。竭力於其親，而孝衰於諭道，親親而不知仁者也。義以事君，而義尊乎君，斯尊君之至矣。仁以親親，而仁親乎父，斯親親之至矣。知此理者，爲人臣則死於義，爲人子則死於仁。

儲粟以備飢，儲藥以防癘，仁之至也。欲救飢也，幸歲之荒，欲起死也，幸人之殃，則不仁之甚矣。是故濟危則知仁，排難則知義，國亂則知忠，六親不和則知孝。仁人不欲爲仁，欲爲仁者不仁也。義士不欲爲義，欲爲義者不義也。忠臣不欲爲忠，欲爲忠者不忠也。孝子不欲爲孝，欲爲孝者不孝也。

譽人而無要譽，毁人而無反毁，斯毁譽之當也。譽人而人亦譽之，則是自譽矣。毁人而人亦毁之，則是自毁矣。自譽，仁之賊也：；自毁，義之賊也。

甲氏、乙氏耕，甲氏連阡陌，不力種，終歲不粒食：；乙氏無置錐，盗人之田而耕之，享千鍾。二氏交相笑，未知孰非也。有昧昧而居者曰：：「仁者有天焉，不仁者有考焉，人何爲哉？」有昭昭而行者曰：：「得者，吾巧也：；至者，吾力也。天何爲哉？」是則甲氏之不力種，昧昧之徒與？乙氏之陷爲盗，昭昭之徒與？

鷃巧而危，雛拙而安。案：雛疑作鳩。巧不足，則鷃脱其危矣；拙不足，則雛失其安矣。是故智不欲有餘，愚不欲不足。智不足者，厭事者也，守常者也，畏行險者也。愚不足者，無能而强爲有能者也，無用而强爲有用者也，無知而强爲有知者也。智不足可以免過，愚不足乃至於失寧【一】。

振貧不已至於盜粟，逐狂不已至於倮走，讀律不已至於竊簡，學禮不已至於蹲踞。是故君子之爲善，貴乎有止也。爲仁止於愛，爲義止於宜，爲禮止於敬，爲智止於知【二】。愛而不止，不仁矣；宜而不止，不義矣；敬而不止，不禮矣；知而不止，不智矣。

聖人之道猶平川坦途乎，由仁而仁，由義而義，惟所行焉，初無風波之虞、荆棘之患也。貪者行險，姦者由徑，惑者多岐，愚者索途。哀哉！

灼龜文，揲蓍策，可以知來，物其必然矣。誠則應，不誠則遺；誠則中，不誠則否。是則龜不自靈，因誠而靈者也。蓍不自神，因誠而神者也。心苟誠焉，目視耳聽，推度考察，無所不驗。是故季札卜以樂，趙孟卜以詩，襄仲歸父卜以言，沈尹戌卜以政，孔成子卜以禮，其應也如響。斯誠卜之道與！

草木之長，不見其有予而日脩。礳礛之砥，不見其所奪而日薄【三】。爲善之益，無助長之功，爲不善之損，無傷手之迹。謂其爲無所予而不爲也，謂其爲無所奪而不畏也。哀哉！

【一】至於失寧　「於」原作「今」，據四庫本改。

【二】爲智止於知　「智」原作「仁」，據四庫本與叢書集成本改。

【三】不見其所奪　「奪」原作「發」，據四庫本改。

敬者不觀其羣，觀其獨也。懼者不觀其危，觀其安也。勇者不觀其躁，觀其靜也。勤者不觀其始，觀其終也。羣焉而敬者，其文也；危焉而懼者，其勢也；躁焉而勇者，其暴也；始焉而勤者，其鋭也。觀者其審諸。

君仁臣忠，父慈子孝，兄友弟悌，此六者，天下之大順也。善仁者不泄，全其忠也；善慈者不狎，全其孝也；善友者不暱，全其悌也。

君子之道何如？則以常矣。曰去四過，取四本，則可以常矣。何謂四過？勇過於仁謂之暴，言過於行謂之妄，譽過於實謂之妖，材過於德謂之姦。四本曰：本仁以見勇，本行以出言，本實以居譽，本德以用材。

勇懦非異力也，愚智非異識也【四】，巧拙非異功也。萬夫之氣有怯於一士之激，千慮之計有劣於一慮之得，百藝之能有粗於一技之習。懦者能奮，與勇者同力也；愚者能慮，與智者同識也；拙者能勉，與巧者同功也。

范氏之鍾，有竊而逃者，鏗然有聲，懼人聞之也，自掩其耳。人有行小人之行，而謂人之不見也，道小人之言，而謂人之不聞也。姦者文其辭，詐者匿其迹，貪者退其容，荏者厲其色，以己之昧昧謂人之惑惑。吁！亦掩耳之徒與。

諫之名有五：假物而諭之謂諷，因其善而導之之謂順，有犯無隱之謂直，正議直陳抵忌諱不避之謂指，忘軀狥忠不顧鼎鑊之謂戇。此五者，諫之大要也。類而求之，則亦多

【四】愚智非異識也　「識」原作「誠」，據四庫本改。

術矣。縫闕失者其辭微，辯利害者其辭博，責君之難者其辭高，拂其違者其辭矯，憂國切者其辭危，慮患豫者其辭遠。介人之辭約，質人之辭拙，疎賤之人其辭狂，疾人之佞者其辭警。其言誇者其志卑，其言危者其心安，諛順之言其情險，强而笑者其怒深，默者多明【五】，辯者多傾【六】。聽者其審諸。

福者禍之先也，利者害之始也，恩者怨之媒也，譽者毁之招也。君子不要福故無禍矣，不求利固無害矣，不廣恩故無怨矣，不敢譽故無毁矣。

巉屼之山，草木枯焉，有一石之奇，奇乎！濁黑之溪，泥淖汩焉，有一勺之清，清乎！曰奇，吾見一石矣，未見其山也。清，吾見一勺矣，未見其水也。高明秀麗，山之全也。汪洋澄深，水之全也。觀人者譬諸觀山及水，如不全，巉屼、濁黑烏乎取？

莫易於爲善，莫難於爲不善。敬君臣，篤父子，睦兄弟，信朋友，善也，至易者也。駕浮僞，飾姦詭，造巇險，作機巧，不善也，至難者也。難則勞，易則佚；難則憂，易則樂。君子者佚樂，而爲君子者也；小人者憂勞，而成小人者也。舍易而難，舍佚而勞，舍樂而憂，愚夫哉！

或問：「大愚曰小智，大拙曰小巧，然則智愚乎？」曰：「小智所以愚也，巧拙乎曰小巧，所以拙也。」

途之里有限也，疲者賒焉，壯者邇焉。夜之刻有度也，愁者修焉，勞者短焉。是故一

【五】默者多明　「默」原作「然」，據四庫本改。
【六】辯者多傾　「多」原作「其」，據四庫本改。

人也毁譽半焉，一事也可否並焉，一物也美惡萃焉，一言也疑信殊焉。力不同者，不勝其異勢也；心不同者，不勝其異見也。噫！是果有異乎哉？

好賢者輕譽，好仁者輕予，好義者輕許。輕譽者失實，輕予者失恩，輕許者失言。君子重於譽若重於毁，斯得賢矣；重於予若重於取，斯得仁矣；重於許若重於否，斯得義矣。

牛之寢齕，蚊蝱撓之【七】，摇耳鼓尾以揮其去。有甘口鼠者，食其角，貫心徹骨而不知。非蚊蝱之噆毒於鼠之牙也，以其口甘，故雖齧盡而不痛也。是故睚眦者不足慮，悲歌之怨可憂也。撫劍者不足畏，含笑之忿可懼也。謗詈者不足虞，嚬蹙之誹可防也。

王陽不敢乘險，將以爲孝也，故甘於不忠，不忠之謂姦。周處辭親事君，將以爲忠也，故甘於不孝，不孝之謂逆。楊穆知其弟終敗，與之别族，將以爲知也，故甘於不友，不友之謂賊。羊續閉郡舍，不納其妻【八】，將以爲廉也，故甘於不義，不義之謂忍。姦、逆、賊、忍，惡之大者也，有是四惡，而曰吾爲善，吾不信也。

涉川者有風波之虞，行徑者有荆棘之患。遭其患者未起，繼其踵者不已，利於川者玩於川，便其徑者樂於徑也。然則風波者以爲平陸乎？荆棘者以爲坦途乎？有騎於途者，嵌巇屹崒，岌乎其若墜也，終日行之不見有蹎躓之變。康莊平陸【九】，緩轡而周旋，若足以逸矣，忽焉弛銜墜策【一〇】，顛覆而莫之救【一一】。吁，險途易於危途也哉！

【七】蚊蝱撓之　「撓」原作「僥」，據四庫本改。

【八】不納其妻　「納」原作「肉」，據四庫本及《後漢書·羊續傳》改。

【九】康莊平陸　「平」原作「乎」，據四庫本改。

【一〇】忽焉　「忽」原作「忍」，據四庫本及叢書集成本改。

【一一】顛覆而莫之救　「而」原作「不」，據四庫本改。

君子施亦仁，不施亦仁。小人施亦不仁，不施亦不仁。君子施則和而理，不施則靜而敬，施則文而通，不施則約而修。小人施則矜而倨，不施則怨而險，施則慢而暴，不施則挫而懾。君子者喻於仁者也，小人者喻於不仁者也。

或問：「君子之道有屈信乎？」曰：「信也，焉得屈。」曰：「孔、孟之窮，荀況之廢，揚雄之貧，王通之居汾，韓愈之投荒，惡乎信？」曰：「其位則屈，其道則信。」「請問道。」曰：「夫子信於六經，軻信於七篇，況信於《新書》，案：《新書》乃賈誼所作，此云荀況，疑悞。雄信於《法言》、《太玄》，通信於《中說》，愈信於《原道》、《論佛骨表》，雖萬世不泯也。其信也孰禦焉！」

君子柔順者同物者也，剛强者立己者也，是人者樂善者也，非人者疾惡者也，言己之美者自信者也。小人柔順者諂諛者也，剛强者驕暴者也，是人者比周者也，非人者讒毀者也，言己之美者夸誕者也。心乎君子，一於君子矣，心乎小人，一於小人矣。是君子、小人之明分也。

再實之木根必傷，掘藏之家必有殃。非其利者勿有也，非其事者勿就也，非其功者勿居也，無故而有顯名勿受也。有人之利者害，就人之事者敗，居人之功者危，受人之顯名者辱。此四者不祥之大者也。

守義者以身，守身者以義。守義而不以身，奪其義矣；守身而不以義，辱其身矣。

奪其義者道之賊，辱其身者世之僇也。

古之隱也將以爲止也，今之隱也將以爲仕也。古之儉也將以爲廉也，今之儉也將以爲貪也。古之禮也將以爲遜也，今之禮也將以爲爭也。

樂者其形和，怒者其形剛，懼者其形柔，憂者其形蹙。心之所變，形所從也。是故寵辱重矣，正色化爲婉媚；忌諱嚴矣，利口化爲喑啞；猜防深矣，智慧化爲狂愚。心無所不變，形無所不化。吁，心化之漸，其得不畏哉？

知我而是之者，吾是矣。知我而非之者，吾非矣。不知而是之，雖美吾媿，不知而非之，雖惡吾省。是故聞譽而説謂之燥，聞毁而怒謂之暴。

因危而言敬【一二】，因阨而言分，因不知而言默，因不好而言廉，君子不爲也。射者端，釣者恭，事使之然耳。登高者望，臨深者窺，勢使之然耳。

才而無德謂之姦，勇而無德謂之暴，辯而無德謂之誕，智而無德謂之譎。才而德者賢也，勇而德者義也，辯而德者信也，智而德者哲也。

至恭不勞，至哀不作，至儉不陋。便辟僂傴不足以爲恭也，長號流涕不足以爲哀也，弊衣糲食不足以爲儉也。山生金，自劾也；木生蠹，自食也。敗於功者貪功者也，死於利者窮利者也，罹於法者深法者也，墮於謀者好謀者也。是故菑人者自菑而已，賊人者自賊而已。君子者功不欲盈，利不欲精，法不欲密，謀不欲傾，以智者之事行。

【一二】因危而言敬　「危」原作「厄」，據四庫本及叢書集成本改。

海之鰂，其出遊也，吐墨以芘其身，自以爲智矣，漁人將設羅，非其墨不得也。是故設機以拒禍者，禍之標的也，任數以防亂者，亂之藪澤也。扃鐍固而盜賊至焉，權量作而鬬爭興焉，革堅而兵刃利焉，城成而衝梯生焉。案：梯疑作梯。智不可以勝姦也，勇不可以禦暴也，辯不可以釋誹也，險不可以避患也。

校勘記

【一】三傳　「三」原作「二」，據四庫本改。

卷下

蠹魚之害於書，拂而除之，惟恐不至也。有笑而言曰：書奚惡於蠹哉！夫九師《易》之蠹也，二戴《禮》之蠹也，三傳【一】《春秋》之蠹也，孔氏、劉氏者，《書》之蠹也，毛、韓、齊、魯者，《詩》之蠹也。蟲魚之蠹，蠹其書者也；諸子百家之蠹，蠹其道者也。蠹其書者，編簡殘闕；蠹其道者，生人喋血。載哀者聞歌聲而泣，載樂者聞哭聲而笑。歌非可哀也，哭非可樂也，載使之然也。是故喜怒無常心，好惡無定形。載於譽者，至惡有所喜；載於讒者，至善有所怒；載於愛者，至醜有所好；載於忌者，至美有所惡。大人者，虛其中，實其外，含其光，徹其味，是之謂去載。

聖人之文其道全，學者之文其義全，材士之文其詞全。道全者人化之，義全者人信之，詞全者人悅之。是故修詞而可說者，義之昧也。明義以求信者，道之衰也。聖人者其猶天地乎！天之道粲爲日月星辰，而四時行焉；地之道陳爲山川邱陵，而百物生焉。聖人之文，道化焉而已矣。

魚無耳而能聽，蟬無口而能鳴，蛇無足而能行，兔絲無根而能生。其能者天，其無者人，其能者性，其無者形。達此理者，肢體可以墮，形骸可以忘，目可不視而見，耳可不聽而聰，口可不言而信，行可不爲而功。

工求其工，學者亦求其工乎？曰：雕鏤剞劂，木之病也；纖織組麗，絲之蠹也；穿鑿破碎，道術之衰也；鉤棘排偶，文章之弊也。工乎？工乎？吾見拙者笑之矣！

仁，木也；禮，火也；信，土也；義，金也；智，水也。仁以長人故生禮，禮以定分故生信，信以立志故生義，義以達宜故生智，此五行相生之性也。仁過則柔義克之，義過則暴禮克之，禮過則煩智克之，智過則詐信克之，此五行相克之理也。相生以因之，相克以成之，斯變通之道與！

持寶以求市者，不欲人誇之。擇善以求友者，不欲人譽之。薄我貨者，欲與我市者也；訾我行者，欲與我友者也。是故君子因譽而情疎，因諍而友密。諂諛我者害己之賊也，稱述我者行路之人也，詆切我者金石之至交也。見麋鹿者，援弓而射之，幸而中焉，失聲而喜之。逢螻蟻者，迂足而活之，誤而傷焉，失聲而痛之。心非仁於螻蟻忍於麋鹿也，欲勝則爲忍，欲去則爲仁也。是故欲勝者，父子可使相食，兄弟可使相賊；欲去者，天地可以爲家，萬物可以爲一。

賢者吾敬之，不賢者吾亦敬之。善者吾親之，不善者吾亦親之。有賢不敬，是聾瞽也；有不賢不敬，是狎虎也。有善不親，是廢繩而揉曲也；有不善不親，是舍石而攻玉也。賢者吾敬之以爲法，不賢者吾敬之以爲戒。善者親之以治吾不善，不善者親之以成吾善。此君子之學也。

仁者，人也；　義者，宜也；　禮者，體也；　智者，至也；　信者，信也。仁而不合乎人曰僞，義而不達其宜曰固，禮而不知其體曰忒，智而不止其至曰惑，信而不得其信曰塞。宋襄公行仁而敗，非夫仁而能敗人也，僞也。徐偃王爲義而滅，非夫義而能滅人也，固也。魯哀公治禮而削，非夫禮而能削人也，忒也。萇洪以智困，非夫智而能困人也，惑也。尾生以信殞，非夫信而能殞人也，塞也。相入者相賊，不相入者相息。膠漆之投，天下莫解焉，而同歸於物。冰炭之反，天下莫合焉，而各全其天。是故情壞於所溺，心壞於所雜。君子之性，惡其有入也。忿者仁之賊也，欲者義之螣也，逸者智之毒也，懼者勇之仇也。是故多忿害物，多欲害己，多逸害性，多懼害志。

白並於五色，而五色在白之中。甘並於五味，而五味在甘之中。宫並於五聲，而五聲在宫之中。仁並於五常，而五常在仁之中。是故五色之變，不勝其觀也，白立而五色形矣。五味之調，不勝其嘗也，甘立而五味停矣。五聲之和，不勝其聽也，宫立而五聲成矣。五常之道，不勝其用也，仁立而五常具矣。

無失無得，是謂天則；　不始不已，是謂天理；　無醜無好，是謂天道；　不亟不稽，是謂天時。暗其天道，滅其天理，悖其天時，以違天則，是之謂凶德。聖人遵天之道，由天之理，與天爲期，以循天則，是之謂天德。

至强非甲兵也，至貴非軒冕也，至富非金玉也，至壽非千歲也。克己自勝，强之至矣。清心養性，貴之至矣。安分止足，富之至矣。通晝夜之道，知死生之説，壽之至矣。

里之巫曰：「羞酌尋常，歌迎舞將，祈疾者健起，祈歲者豐穰。」羊豕鮮肥，金樽玉卮，祈疾得亟，祈歲得飢，人有難之者。曰：「儉以嗇，寡欲而虚一，必吉；侈而豐，欲多而實中，必凶。」吁，巫之言其幾於道者乎！

不過勝母，所以立孝也；不入朝歌，所以立儉也；不飲盜泉，所以立廉也。名乖而無損於實，不得不懼；事非而無傷於德，不得不去。糟邱之荒，象箸之習也；炮烙之慘，熱升之積也；殉良之哀，偶人之弊也。是故防有者必立於無，救末者必立於初。

橘柚之朽，或爲蝴蝶，鞲蒼襜黑，其文美也，倚薄風露，其志潔也，篁端蕙隙，其處高也。須臾觸物而膠之，枯爲塵矣。天地，大橘柚也；人物，大羽化也；名位，大蕙篁也。榮而瘁者能幾，須臾之頃哉！

耡者日却，愈却而墾愈廣；織者日進，愈進而帛愈長。君子者，爲道日損，若耡之却，則道得矣；爲德日益，若織之進，則德積矣。爲道而不能損，是進而耡也；爲德而不能益，是却而織也。

博愛之謂仁，不疑之謂信，無所不知之謂智，此不易之理也。君子行之，則不膠於迹矣。愛之仁也，有所惡亦仁也；信之信也，有所疑亦信也；知之智也，有不知亦智也。

目明而不妄視，耳聽而不妄聽，心慧而不妄慮，此精神之舍也。精全而神全，神全則氣全。一夫而能奪三軍，非戈矛之利，精神勝之也。一賢而能折千里，非詐謀之用，精神制之也。是故精誠之至者，石可使之決，泉可使之躍，日可使之却，況於人乎？況于事倫乎？

愚者之道有四，庶人之愚不與焉。有達人之愚，有哲人之愚，有信人之愚，有直人之愚。顔子者，達人之愚者也。高柴者，信人之愚者也。甯武子者，哲人之愚者也。晁錯者，直人之愚者也。

外視者蔽，内視者明。外聽者惑，内聽者聰。明莫明於日也，視之者昏。響莫響於雷也，聽之者聾。外視無至明也，外聽無至聰也。大人者還觀於無，反聽於虚，若水之清明從内生，若谷之虚響從内興，所以爲視聽之精。

窮里之社，有扣盆拊瓴和而歌者，自以爲樂矣。一日，使之擊建鼓、撞巨鍾，如仍然如盆瓴之足羞也。穿鑿以爲深，雕琢以爲功，誦數以爲精，謂學之至也，君子視之，叩盆拊瓴之徒耳。是故不聞聖人之道，不知穿鑿之粗也；不觀聖人之文，不知雕琢之陋也；不得聖人之忘言，不知誦説之無益也【二】。

江之蟹，初穴於沮洳，秋冬之交則大出，指海而趨焉。漁者緯蕭而留之，越軼而去，不達於江不至於海不止也。是故曲學者沮洳也，大道者江海也。厭沮洳而決江海，人之所同也。不塞於異端，不障於邪説，若蟹之勇能越軼而至於海者，鮮矣！

【二】不知誦説之無益也　「無」原作「亡」，據四庫本改。

圖書在版編目（CIP）數據

全宋筆記. 第五編. 十/上海師範大學古籍整理研究所編. —鄭州：大象出版社，2012.1
ISBN 978－7－5347－6996－2

Ⅰ.①全… Ⅱ.①上… Ⅲ.①中國歷史—史料—宋代
Ⅳ.①K244.066

中國版本圖書館 CIP 數據核字（2011）第 240956 號

全宋筆記 第五編 十

特約編輯 陳 新
責任編輯 郭一凡
整體設計 張 勝
出版發行 大象出版社
鄭州市開元路18號450044
製 版 上海杰申電腦排版有限公司
印 刷 河南新華印刷集團有限公司
版 次 2012年1月第1版第1次印刷
開 本 640×960 1/16 18.25印張
字 數 187千字
印 數 800册
定 價 68.00元